［過去問］

2024
横浜国立大学教育学部附属横浜小学校
入試問題集

Shinga-kai

横浜国立大学教育学部附属横浜小学校

過去10年間の入試問題分析
出題傾向とその対策

2023年傾向

これまで一次試験でペーパーテストなどを行い、その合格者を対象に二次試験で集団テストを行っていましたが、今年度は一次試験を2日かけて行い、1日目にペーパーテストと集団テスト、2日目に集団テストが行われました。ただし、考査の内容に大きな変更はありませんでした。なお、男女とも応募人数が300人を超えなかったため、事前抽選は行われませんでした。

傾　向

2023年度は第一次を2日間で行い、第二次で第一次合格者による抽選を行うという変更がありました。考査は、2016年度までは第一次でペーパーテスト、集団テスト、運動テスト、第二次で言語を含む集団テストが行われていましたが、2017年度からは第一次で運動テストが実施されなくなりました。言語は2017年度から個別テストとして出題されるようになりましたが、2020〜2023年度は第一次の集団テスト内で行われています。第一次のペーパーテストはテレビモニターなどから出題され、話の記憶と数量は、毎年のように出されています。推理・思考の課題では回転図形や重ね図形などの基本的な理解、常識では生き物や季節、生活に関する仲間分けや昔話など、体験的なことを問われます。集団テストでは紙芝居を静かに聴くなどの課題を通して、様子が観察されます。折り紙は毎年のように出題され、学校が提示するテーマに沿ったものを折ることが求められます。2016年度まで出題されていた運動テストでは、両足跳びや鉄棒くぐり、跳び箱に登って飛び降りるなど、基本的な運動項目のうちいくつかが連続運動で出され、指示をしっかり聞き、自主的に意欲を持って取り組めるかを見られていました。2022年度までの第二次は、第一次合格者を対象に集団テストが実施され、定員の1.5〜2倍程度の人数に絞られました。近年はストーリー性のある設定で出題されることが多く、その間の行動が観察されます。テスターが示したゲームのルールをきちんと理解したうえで行動することや、お友達とのかかわり方が重要になります。機敏性を求められるゲームであったり、パズルであったりと、毎年さまざまな種類のゲームや

ごっこ遊びをしながらの行動観察が行われます。また、塗り絵も毎年出される課題です。言語（簡単な面接）は2016年度までは第二次、2017年度からは第一次の考査中に実施され、好きな遊びや季節、本人の名前やお友達の名前などが個別に質問されてきましたが、2020～2023年度は数人のグループでの実施となりました。2022年度以前は第三次で第二次合格者に対し抽選が行われました。番号入りの封筒が第二次合格者数より1枚多く用意され、第二次合格者の保護者はその中から1枚ずつ引いていきます。最後に残った封筒に入っていた番号から後の募集人数分が合格となります。2023年度は第二次での抽選となりましたが、抽選方法は同じです。

対　策

まずはテレビモニターでの出題に慣れておくことが必要です。ペーパーテストでは、話の記憶、数量、推理・思考、常識が頻出課題です。話の記憶では、話の順番や、登場人物の表情の変化についてよく問われています。普段から絵本の読み聞かせなどを通じて、できるだけ楽しく物語にふれる機会を持ちましょう。話の順序を理解し主人公の気持ちの動きなどを本人が周りの人に伝えられるよう、経験を積んでおくことが大切です。数量は、正確に数える力が大切です。端から順序よく数えるなどして、見落としのないようにしましょう。また、1対1や1対多の対応が確実にできることが必須ですので、数の操作に慣れておきましょう。常識は、基本的なものとして季節の行事に関する理解や昔話、童謡などを再確認しておくとよいでしょう。ほかにも、形をきちんと見る、重なったときの見え方を考えるなど、構成や推理・思考の問題にも対応できる基本的な力は身につけておきましょう。運動テストは近年出題されていませんが、就学児にふさわしい体力をつけるためにも、普段から公園でケンパーや幅跳び、ボール投げなどに親しんでおきましょう。集団テストでの巧緻性は、毎年折り紙が出題され、海や山のものなど与えられたテーマで制作を行うため、折り紙で多様なものを作る経験を積んで、お子さんの対応力を高めておくことが重要です。行動観察では、テスターや在校生とかかわりを持つこともありますので、状況を理解し、さまざまな人から出される指示に対応して、ルールを守りけじめをつけて楽しく参加できるかがポイントです。決まったお友達だけではなく年齢の違う子どもたちとも遊ぶようにし、また、男の子と女の子のどちらかに偏らずに一緒に遊ぶことなども心掛けてください。言語（簡単な面接）に関しては、お手伝いなどの生活習慣、登園時の様子などについて聞かれるので、初めて会う面接官に対しても、自分の言葉で質問に答えられるようにしておきましょう。入試全体を通して、ルールの理解力や自立して学習に取り組む姿勢がどれだけ身についているのかが見られるため、考査中に出される指示を理解して適切に行動することが重要です。なお、学校からは説明会のときに、大学教育学部の研究校であること、家庭で公共交通機関でのマナーを指導する必要性と、家庭との連携体制（保護者会への参加）を重視していることなどの説明がありますので、その点への理解も必要です。

年度別入試問題分析表

【横浜国立大学教育学部附属横浜小学校】

	2023	2022	2021	2020	2019	2018	2017	2016	2015	2014
ペーパーテスト										
話	○	○	○	○	○	○	○	○	○	○
数量	○	○		○	○	○	○	○	○	
観察力				○			○			
言語									○	
推理・思考		○	○		○	○	○	○	○	○
構成力	○	○		○						
記憶							○			
常識	○	○		○	○	○	○	○	○	○
位置・置換										
模写										
巧緻性			○							
絵画・表現										
系列完成										
個別テスト										
話										
数量										
観察力										
言語					○	○	○			
推理・思考										
構成力										
記憶										
常識										
位置・置換										
巧緻性										
絵画・表現										
系列完成										
制作										
行動観察										
生活習慣										
集団テスト										
話										
観察力										
言語	○	○	○	○				○	○	○
常識										
巧緻性	○	○	○	○	○	○	○	○	○	○
絵画・表現										
制作										
行動観察	○	○	○	○	○	○	○	○	○	○
課題・自由遊び										
運動・ゲーム						○	○			
生活習慣						○				
運動テスト										
基礎運動										
指示行動										
模倣体操										
リズム運動										
ボール運動										
跳躍運動										
バランス運動										
連続運動								○	○	○
面接										
親子面接										
保護者(両親)面接										
本人面接										

※伸芽会教育研究所調査データ

小学校受験Check Sheet

　お子さんの受験を控えて、何かと不安を抱える保護者も多いかと思います。受験対策はしっかりやっていても、すべてをクリアしているとは思えないのが実状ではないでしょうか。そこで、このチェックシートをご用意しました。1つずつチェックをしながら、受験に向かっていってください。

✱ ペーパーテスト編

①お子さんは長い時間座っていることができますか。

②お子さんは長い話を根気よく聞くことができますか。

③お子さんはスムーズにプリントをめくったり、印をつけたりできますか。

④お子さんは机の上を散らかさずに作業ができますか。

✱ 個別テスト編

①お子さんは長時間立っていることができますか。

②お子さんはハキハキと大きい声で話せますか。

③お子さんは初対面の大人と話せますか。

④お子さんは自信を持ってテキパキと作業ができますか。

✱ 絵画、制作編

①お子さんは絵を描くのが好きですか。

②お家にお子さんの絵を飾っていますか。

③お子さんははさみやセロハンテープなどを使いこなせますか。

④お子さんはお家で空き箱や牛乳パックなどで制作をしたことがありますか。

✱ 行動観察編

①お子さんは初めて会ったお友達と話せますか。

②お子さんは集団の中でほかの子とかかわって遊べますか。

③お子さんは何もおもちゃがない状況で遊べますか。

④お子さんは順番を守れますか。

✱ 運動テスト編

①お子さんは運動をするときに意欲的ですか。

②お子さんは長い距離を歩いたことがありますか。

③お子さんはリズム感がありますか。

④お子さんはボール遊びが好きですか。

✱ 面接対策・子ども編

①お子さんは、ある程度の時間、きちんと座っていられますか。

②お子さんは返事が素直にできますか。

③お子さんはお父さま、お母さまと3人で行動することに慣れていますか。

④お子さんは単語でなく、文で話せますか。

✱ 面接対策・保護者（両親）編

①最近、ご家族での楽しい思い出がありますか。

②ご両親の教育方針は一致していますか。

③お父さまは、お子さんのお家での生活や幼稚園・保育園での生活をどれくらいご存じですか。

④最近タイムリーな話題、または昨今の子どもを取り巻く環境についてご両親で話をしていますか。

section
2023　横浜国立大学教育学部附属横浜小学校入試問題

■ 選抜方法

郵送受付順に受検番号が決まる。

| 第一次 | 考査は2日間で、1日目に約25人単位でペーパーテストと集団テスト、2日目に約25人単位で集団テストを行い、男子68人、女子73人を選出する。所要時間は待ち時間を含めて1日目が約2時間、2日目が約3時間。 |

| 第二次 | 第一次合格者による抽選を行い、男子50人、女子50人を選出する。 |

考査：1日目

■ ペーパーテスト
筆記用具は鉛筆を使用し、訂正方法は×（バツ印）。出題方法はテレビモニター。

1 話の記憶

　「動物たちが、オニごっこをしました。最初にオニになったのは、チーターです。ほかの動物たちはオニに捕まらないように、それぞれ逃げ始めました。カバは『水の中を泳ぐことにしよう』と池にザブーンと飛び込みました。フラミンゴは『わたしも水のそばがいいわ』と池に向かってゆっくり歩いていると、足の速いチーターに追いつかれそうになりました。捕まりそうになったフラミンゴは、ふわりと飛び立ちました。『そうか、フラミンゴさんには羽があるからね』と、チーターはほかの動物を探しに行きました。すると、池の近くの木の枝にナマケモノがぶら下がっているのが見えました。『木登りなら僕にもできるぞ』と、チーターは木に向かって走り、勢いよくナマケモノのところまでかけ登ると、『タッチ』。ナマケモノは『ああ、捕まっちゃった』と残念そうです。『じゃあ、次はきみがオニだよ』と声をかけると、チーターは逃げました。池のそばまで行くと、カバとフラミンゴにも『次のオニは、ナマケモノ君になったからね』と伝えました。そして少し疲れたチーターは、池のほとりで休んでいました。『ナマケモノ君、なかなか来ないなあ』。チーターはゆっくり立ち上がると、カバとフラミンゴの方を見ながら気持ちよさそうに歩き始めました。そのときです。木の上から手が下りてきました。そして頭に『タッチ』。なんと、チーターはいつの間にか、ナマケモノがいた木の下まで戻っていたのです。『のんびり歩いていたから、気づかなかったよ』。またオニになってしまったチーターは、思わず笑ってしまいました」

・左の四角です。オニごっこで最初に捕まった動物に○をつけましょう。
・右の四角です。ナマケモノに捕まったときのチーターはどんな顔でしたか。お話に合う
　絵に○をつけましょう。

2 話の記憶

「冷蔵庫の中で、今日も野菜の仲間たちが出番を待っています。お母さんの声が聞こえて
きました。『まずはジャガイモ、次はニンジン、その次はタマネギを出しましょう』。ジャ
ガイモ君は『今日はきっとカレーライスだね』と言いました。タマネギ君は『カレーライ
スのほかにも僕たちを使ったお料理があるよ』と言いました。『何だったかなあ』とジャ
ガイモ君とニンジンさんが考え込んでいると、またお母さんの声が聞こえました。『そう
だ、キュウリも忘れちゃいけないわね』。それを聞いたジャガイモ君とニンジンさんは、
声をそろえて言いました。『そうだ、ポテトサラダだ！』そして、タマネギ君も一緒にニ
ッコリと笑いました」

・3番目に名前が出てきた野菜に○をつけましょう。
・「ポテトサラダ」と言った野菜に△をつけましょう。

3 数量（対応）

・1本の虫捕り網で、トンボを1匹捕まえることができます。ただし、穴が開いている虫
　取り網では捕まえることができません。4つの四角のうち、虫捕り網でトンボを全部捕
　まえることができるものに○をつけましょう。

4 構　成

・中にある形を全部使って、左のお手本の形を作れる四角を選んで○をつけましょう。

5 常　識

・野菜や果物を切ったときの切り口の様子が、それぞれの下にあります。正しいものを選
　んで○をつけましょう。

6 常識（生活）

・左の絵と仲よしの人を、右側から選んで○をつけましょう。

集団テスト

巧緻性

2023
2022
2021
2020
2019
2018
2017
2016
2015
2014

・色鉛筆で塗り絵をする。

・模造紙に公園と川の絵が描いてある。折り紙でその場所に合うものを折り、在校生に渡して模造紙に貼ってもらう。

■ 行動観察

・在校生が読んでくれる紙芝居を静かに聴く。

・在校生と一緒になぞなぞをする。

考査：2日目

集団テスト

■ 言 語

3、4人ずつのグループで行う。1人ずつテスターの質問に答える。

・お名前を教えてください。

・あなたの大切なものは何ですか。

・「ああ、よかったな」と思うことはどんなことですか。

■ 行動観察

・音楽に合わせて歩き、音楽が止まったらモニターに映った動物(サル、鳥、ウサギなど)のまねをする。また音楽が流れ始めたら歩き、同じようにくり返す。「まねっこタイム終わり」と言われたら、決められた番号の上に立つ。

・体ジャンケンをする。テスターに対して1人、または3、4人や7、8人のグループなど人数を変えながら行い、グループで行う際はどの手を出すか相談して全員で同じポーズをとる。

■ 巧緻性

・色鉛筆で塗り絵をする。

■ 行動観察

・在校生が読んでくれる紙芝居を静かに聴く。

1

2

3

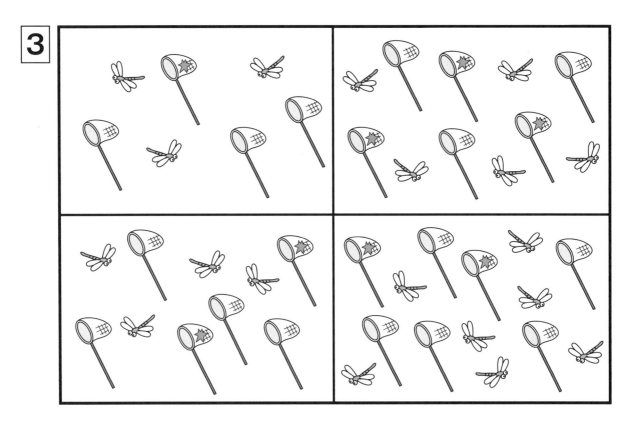

4

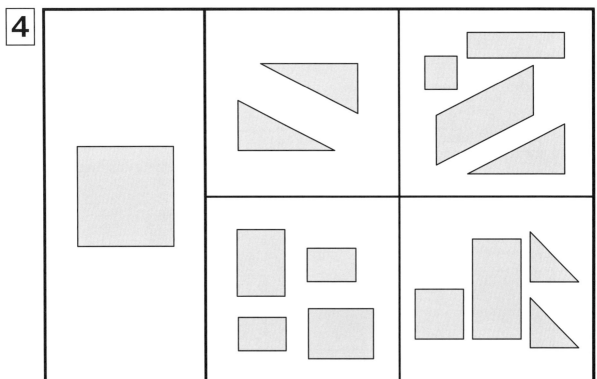

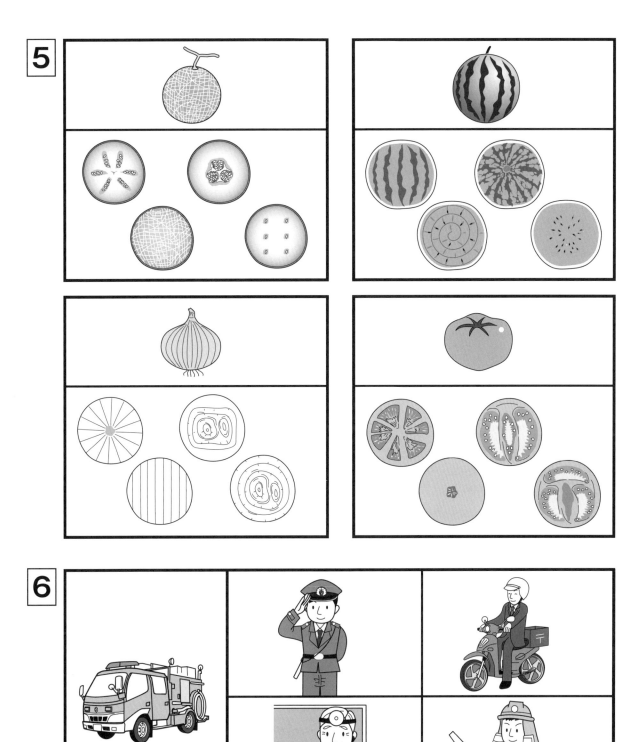

■ 選抜方法

郵送受付順に受検番号が決まる。

| 第一次 | 約25人単位でペーパーテスト、集団テストを行い、男子130人、女子115人を選出する。所要時間は待ち時間を含めて約4時間。 |

| 第二次 | 第二次合格者を対象に約20人単位で集団テストを行い、男子77人、女子75人を選出する。所要時間は待ち時間を含めて約3時間。 |

| 第三次 | 第二次合格者による抽選を行い、男子53人、女子52人を選出する。 |

考査：第一次

■ ペーパーテスト

筆記用具は鉛筆を使用し、訂正方法は✕（バツ印）。出題方法はテレビモニター。

1 話の記憶

「ゆうちゃんはお絵描きが大好きな女の子です。今日もお絵描きをしようと、色鉛筆とスケッチブックを用意しました。すると、小さな話し声が聞こえてきました。『赤君はいいな。いつもお絵描きに使ってもらえて』。誰の声でしょう。なんと、青の色鉛筆君の声でした。『そうかい。僕はみんなより早く小さくなってしまうから、背の高いみんながうらやましいよ』と、赤の色鉛筆君は答えました。『ゆうちゃんは、今日は何色を使ってくれるのかな』と、色鉛筆のみんなは楽しみにしています。『何を描こうかな。やっぱり、わたしの大好きな赤で描こう』と言って、ゆうちゃんはトマトを描き始めました。そして、『ほかに、赤いものは何があるかな』と考えながらイチゴやバラのお花など次々に描いていくと、ページがいっぱいになりました。ゆうちゃんは『次は、黄色いものを描こうかな』とスケッチブックをめくり、新しいページに黄色の色鉛筆でバナナを描いて色を塗ります。そして、黄色いものをどんどん描いているうちに『これに、わたしの好きな赤を合わせたら、どんな色になるのかな』と思いました。そこで、黄色で描いた絵の上に赤を重ねて塗ってみると、すてきなオレンジ色になりました。『この色を使ってニンジンを描いてみよう』と、今度は新しいページにニンジンの絵を描きました。次の日です。ゆうちゃんは、お部屋で図鑑を見ていました。その中に、とてもきれいな鳥を見つけました。『なんてすてきな青

い鳥なの。お絵描きしてみようかな』。さっそくスケッチブックと色鉛筆を用意して、鳥の絵を描きます。ゆうちゃんはまた、『わたしの好きな赤を合わせたら、どうなるのかな』と試してみたくなりました。そこで青の上に赤を重ねると、とてもすてきな紫になりました。そして『紫のものには何があるかな』と考えて、『大好きな野菜にしよう』とナスの絵を描きました。『ゆうちゃんは毎日いろいろな色を使ってくれて、うれしいね。ゆうちゃんのお絵描きが上手になるように、みんなで応援しようね』と、色鉛筆君たちが仲よくお話ししている声が聞こえました」

- 左上の四角です。ゆうちゃんが最初に描いたものに〇をつけましょう。
- 左下の四角です。ゆうちゃんが最初に色を重ねて作ったのは何色ですか。その色の果物に〇をつけましょう。
- 右上の四角です。その色を使って描いたものに〇をつけましょう。
- 右下の四角です。ゆうちゃんが鳥の絵を描こうと思ったのはなぜですか。お話と合う絵に〇をつけましょう。

2 数 量

- 上の段です。ブドウとイチゴの数はいくつ違いますか。違う数だけ、下の四角に〇をかきましょう。左も右もやりましょう。
- 下の段です。左の4つの四角を見てください。四角を2つずつ合わせて、キンギョを同じ数にします。〇と△を使って、合わせるもの同士に同じ印をつけましょう。右もやりましょう。

3 常識（仲間分け）

- 4つのうち1つだけ仲間ではないものを選んで〇をつけましょう。

4 構 成

- 上のお手本の形を作るには、下のどの四角の形を合わせるとよいですか。正しい四角に〇をつけましょう。

5 推理・思考（比較）

- 4つの四角の中にかかれた線のうち、一番長いものを選んで〇をつけましょう。左も右もやりましょう。

6 推理・思考（重ね図形）

- 左の2枚の絵は、透き通った紙にかかれています。2枚をそのままの向きで重ねると、どのようになりますか。右側から選んで〇をつけましょう。

▐ 集団テスト ▐

言　語

5人ずつのグループで行う。
・お名前を教えてください。
・好きな遊びは何ですか。それはどうしてですか。
・この小学校に入ったら何をしたいですか。
・春夏秋冬の季節の中で、好きな季節はいつですか。それはどうしてですか。

巧緻性

・色鉛筆で塗り絵をする。
・模造紙に、夏と冬の絵が描いてある。折り紙でその季節に合うものを折り、在校生に渡して模造紙に貼ってもらう。

行動観察

・在校生が読んでくれる紙芝居を静かに聴く。

考査：第二次

▐ 集団テスト ▐

行動観察

5、6人ずつのグループで行う。
・洋服作り…テレビモニターで作り方の説明を見てから、立ったまま行う。グループごとにカラービニール袋（青、黄色、ピンクなど）、マジックペン（赤、青、緑、紫、オレンジ色など）、セロハンテープ、はさみが用意されている。与えられた材料や道具を使って、1人1枚洋服を作る。
・パーティーごっこ…できあがった洋服を着てパーティーごっこをする。グループごとのテーブルに紙皿、紙ナプキン、本物のお菓子（クッキー、ラムネ、アメ、グミなど）が用意されている。お菓子を1つずつ各自の紙皿にのせて食べるまねをする。各自持参した水筒からお茶を飲む。
・洗濯ばさみ遊び…グループごとに洗濯ばさみ（黄色、白）がたくさん用意されている。これを使って好きなものを作る。

巧緻性

・色鉛筆で塗り絵をする。

・模造紙に公園と森の絵が描いてある。折り紙でその場所に合うものを折り、在校生に渡して模造紙に貼ってもらう。

行動観察

・在校生と一緒になぞなぞをする。

・在校生が読んでくれる紙芝居を静かに聴く。

1

2

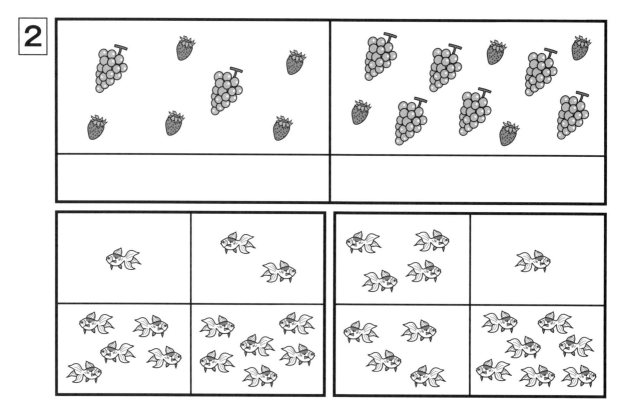

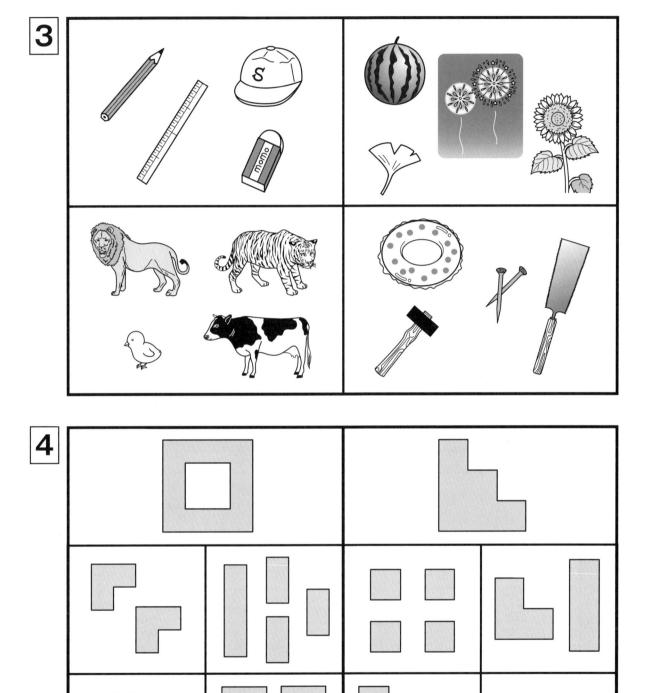

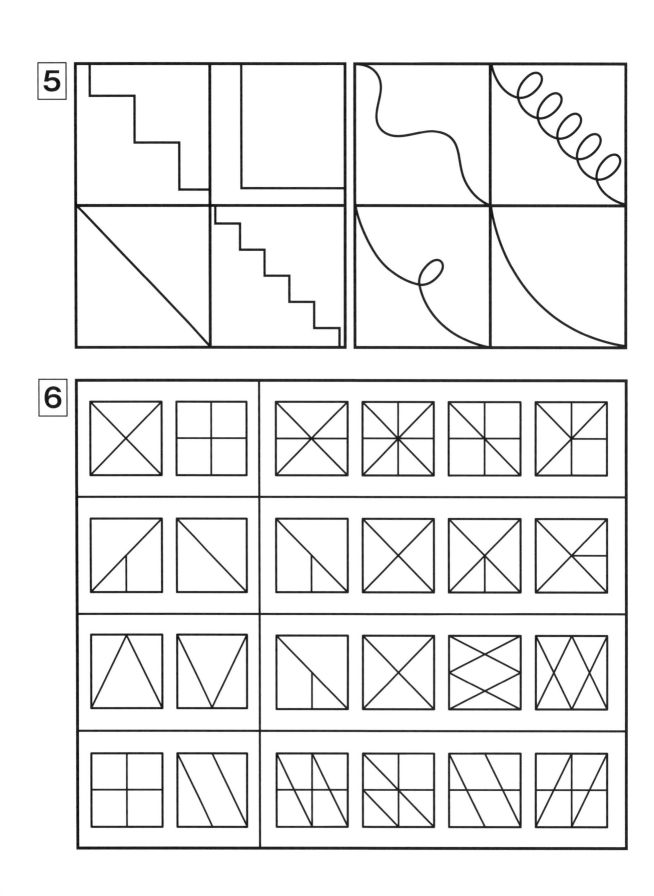

section 2021 横浜国立大学教育学部附属横浜小学校入試問題

■ 選抜方法

郵送受付順に受検番号が決まる。

| 第一次 | 約30人単位でペーパーテスト、集団テストを行い、男子151人、女子143人を選出する。所要時間は待ち時間を含めて約4時間。 |

| 第二次 | 第一次合格者を対象に約30人単位で集団テストを行い、男子75人、女子77人を選出する。所要時間は待ち時間を含めて約3時間。 |

| 第三次 | 第二次合格者による抽選を行い、男子52人、女子53人を選出する。 |

考査：第一次

■ ペーパーテスト

筆記用具は鉛筆を使用し、訂正方法は×（バツ印）。出題方法はテレビモニターと音声。

1 話の記憶

「サル君とウサギさんが公園に遊びに来ました。サル君は、お誕生日にもらったお気に入りのボールを持っています。スイカのような模様がついたすてきなボールです。2匹はさっそくサッカーをしました。ところが、ウサギさんがけったボールが遠くに飛んでいって、見えなくなってしまいました。『後で探せばいいよ』とサル君が言い、2匹が鉄棒で遊んでいるうちに、辺りはすっかり暗くなってしまいました。慌てた2匹はボールをそのままにして、急いでお家へ帰りました。それっきりボールのことは忘れてしまったウサギさんが、次の日公園を通りかかると、草むらの前でサル君が泣いています。そこへ行って『どうしたの』と声をかけると、『昨日のボールが見つからないんだ。お誕生日にもらった大事なボールなのに』とサル君が言うのです。2匹で探しましたが、なかなか見つかりません。そこで、草むらの中に入ってみると、誰かが飲んだ空のペットボトルが捨てられていました。ペットボトルを拾おうとしてかがんだウサギさんは、草のかげにサル君のボールがあるのを見つけました。やっと見つかって、ひと安心。ウサギさんは拾ったペットボトルをゴミ箱に捨てました。サル君がボールを持ってお家に帰ると、お母さんに『大事なボールが見つかってよかったね。これからは、暗くなって慌てる前に帰ってくるようにしましょうね』と言われました」

・星1つのところです。サル君のボールに○をつけましょう。

・星2つのところです。4つの絵をお話の順番に並べたとき、3番目になる絵に○をつけましょう。

2 巧緻性

・点と点をつなぎ、できるだけ真っすぐの線を、たくさん引きましょう。

3 推理・思考（回転図形）

・マス目の上に三角のカードが載っています。このカードが右にコトンコトンと転がりながら進んでいきます。黒いマス目の上に来たとき、三角のカードはどのように見えますか。正しいものを下から選んで○をつけましょう。

4 推理・思考（進み方）

・リンゴからスタートして、矢印の方向にマス目を進んでいきます。矢印1つで、マス目を1つ進むことができます。では、ブドウのマス目まで行くには、どのように進めばよいですか。正しい矢印がかいてある四角を選んで○をつけましょう。

集団テスト

言 語

5人ずつのグループで行う。

・お名前を教えてください。

・昨日の夕ごはんは何でしたか。

・好きな食べ物は何ですか。

・この小学校に入ったら何をしたいですか。

・大きくなったら何になりたいですか。

・好きな動物を教えてください。

巧緻性

・色鉛筆で塗り絵をする。

・折り紙で生き物を折り、在校生に渡す。

行動観察

在校生が読んでくれる紙芝居を静かに聴く。

考査：第二次

集団テスト

🔲 行動観察

3色のゼッケンをつけ、ゼッケンの色別にグループに分かれて行う。カプラの入った入れ物が配られる。

・グループで協力して、カプラをなるべく高く積む。

・カプラを使い、グループで協力して町を作る。

・カプラを入れ物に片づける。

🔲 巧緻性

・色鉛筆で塗り絵をする。

・模造紙に山（または空）の絵が描いてある。折り紙で山（または空）にいるものを折り、在校生に渡して模造紙に貼ってもらう。

🔲 行動観察

・在校生と一緒になぞなぞをする。

・在校生が読んでくれる紙芝居を静かに聴く。

1 ☆

☆☆

2

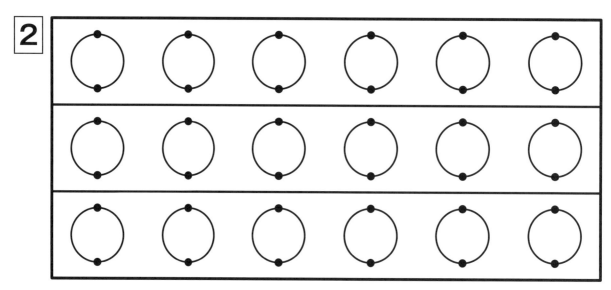

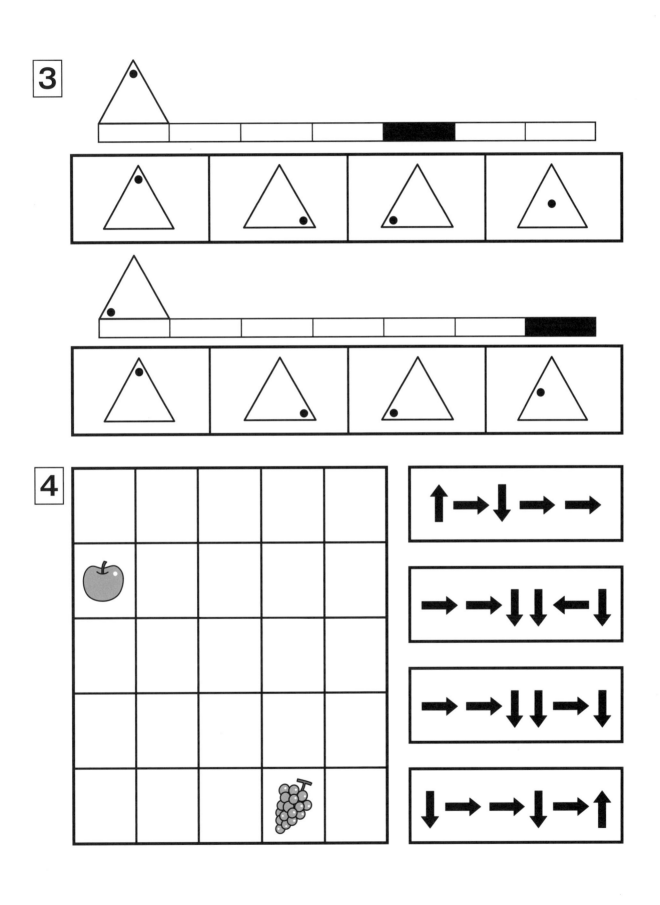

2020 横浜国立大学教育学部附属横浜小学校入試問題

■ 選抜方法

郵送受付順に受検番号が決まる。

| 第一次 | 約30人単位でペーパーテスト、集団テストを行い、男子148人、女子146人を選出する。所要時間は約4時間。 |

| 第二次 | 第一次合格者を対象に約30人単位で集団テストを行い、男子76人、女子79人を選出する。所要時間は待ち時間を含めて約3時間。 |

| 第三次 | 第二次合格者による抽選を行い、男子52人、女子53人を選出する。 |

考査：第一次

┃ ペーパーテスト ┃ 筆記用具は鉛筆を使用し、訂正方法は×（バツ印）。出題方法は口頭とテレビモニター。

1 話の記憶

「えりちゃんのお家では、夕ごはん作りが始まりました。お母さんがいろいろな材料をそろえていると、えりちゃんには野菜たちがお話ししているのが聞こえてきました。体がオレンジ色で頭が緑色をした野菜が、お隣にいる野菜に何か話しかけています。『ねえ、今日の夕ごはんは何を作るのかな。さっき、〈ニンジンが嫌いなえりちゃんもこのお料理だけは食べてくれるわね〉とえりちゃんのお母さんが言ってたよ』。それを聞いたえりちゃんが『ご心配なく。前はニンジンが嫌いだったけど、今は大好き。だって、ニンジンを使ったおいしいお料理をお母さんが作ってくれるんだもん』と言うと、ニンジン君たちは『すごいなあ、えりちゃんは何でも食べることができるんだね』と感心しました。すると今度はカボチャ君とタマネギ君が話しているのが聞こえてきました。『僕は暑いのが嫌いなんだ。タマネギ君はどう？』『僕は暑いのは大好きさ』。タマネギ君はそう言って小さく刻まれると、熱いフライパンに飛び込んでいきました。すると、だんだん体が透明になっていきました。その後タマネギ君がお鍋の中に入っていくと、そこへスイカ君がやって来ました。『なんだかここは暑いね。僕は暑いのは好きじゃないな。冷たいところに入りたいな』。そう言うと、一緒に来たナスさんと、冷たい氷水がいっぱいのたらいに入っていきました。さあ、いよいよニンジン君の出番です。ニンジン君とジャガイモさんは『おいしい料理に

なろうね』と言い、洋服を1枚脱ぐと、切られて熱いお鍋の中に入っていきました。そこへ冷たい水から上がってきたナスさんが来て言いました。『いいなあ。わたしもみんなと一緒にお鍋に入りたかったな……』ナスさんはお鍋をじっと見つめながら言いました。それから、えりちゃんのお母さんは茶色いチョコレートのような板を割りながら入れていきます。『えりちゃん、焦げないようにかき混ぜてね』『はーい』。どうやら今日の夕ごはんはおいしくできたようですね」

- ・星1つのところです。えりちゃんのお家の夕ごはんは何だと思いますか。合うものに○をつけましょう。
- ・星2つのところです。お鍋に入らなかったものに○をつけましょう。
- ・星3つのところです。お話に出てこなかったものに○をつけましょう。
- ・星4つのところです。今聞いたお話の順番に絵が並んでいる四角に○をつけましょう。

2 数量（対応）

- ・左上の四角の絵のように、カゴにクッキーを入れます。では、大きい四角にあるクッキーでは、同じカゴがいくつできますか。できる数だけ、下の丸をなぞりましょう。

3 常識（仲間分け）

- ・4つのうち1つだけ仲間ではないものを選んで○をつけましょう。

4 常識（季節）

テレビモニターにススキが映る。
- ・今見たものと同じ季節の絵を選んで○をつけましょう。

テレビモニターにモモの実が映る。
- ・今見たものと同じ季節の絵を選んで○をつけましょう。

5 観察力

- ・左上の四角の中の輪を途中で切ると、どのようになりますか。大きい四角の中から合うものを選んで、○をつけましょう。

6 構成（欠所補完）

- ・左の星からスタートして、右のハートまで進みます。印のかいてある四角には、すぐ下の4枚のカードのうちどれを入れると道がつながりますか。それぞれ選んで、入る四角の印をつけましょう。

集団テスト

言　語

3〜6人ずつのグループで行う。

・お名前を教えてください。

・好きな食べ物は何ですか。

・好きな場所を教えてください。

・お家では、どんなことで怒られますか。

・フワフワするものには、どんなものがありますか。

巧緻性

・色鉛筆で塗り絵をする。

・模造紙に山（または川）の絵が描いてある。折り紙で好きなものを折り、在校生に渡して模造紙に貼ってもらう。

行動観察

・在校生と一緒になぞなぞをする。

・在校生が読んでくれる紙芝居を静かに聴く。

考査：第二次

集団テスト

行動観察

青やピンクなどのシールが貼られたゼッケンをつけ、シールの色別にグループに分かれて行う。グループごとの机に、ござや小さいカゴ、ナプキンなどが入ったカゴと布製のおにぎりが用意されている。別の机にはイクラやサケなどおにぎりの具材が描かれた絵カードが用意されており、同じ絵カードが黒板にも貼ってある。

テレビモニターで人形劇を見た後、自分たちもグループごとにお店屋さんごっこをする。「ブタのお母さんはおにぎり屋さんをしていますが、病気になってしまいました。3匹の子ブタたちは困ってしまいましたが、お母さんの代わりにおにぎり屋さんをすることにしました。そこへカタツムリさんがやって来て、『お店をかわいらしく飾ったらどうかし

ら?』と言いました。子ブタたちがお店を飾りつけた後、カタツムリさんはおにぎりを1個買ってくれました」

・グループごとに相談して、カゴに入っている材料（ござ、小さいカゴ、ナプキンなど）を使い、机をおにぎり屋さんのお店に見立てて飾りつける。
・グループごとにおにぎりの具材が置いてある机に集まり、好きな具材を順番に2つ選ぶ。グループの机に戻り、布製のおにぎりに具材をマジックテープで留めて、おにぎりを完成させる。
・お客さん役とお店屋さん役に分かれて、お買い物ごっこをする。お客さん役の人はテスターからお金代わりのボタンを1つもらい、それでお買い物をする。
・最後にみんなで片づけをする。

巧緻性

・色鉛筆で塗り絵をする。
・模造紙に森（または公園）の絵が描いてある。折り紙で好きなものを折り、在校生に渡して模造紙に貼ってもらう。

行動観察

・在校生と一緒になぞなぞをする。
・在校生が読んでくれる紙芝居を静かに聴く。

2

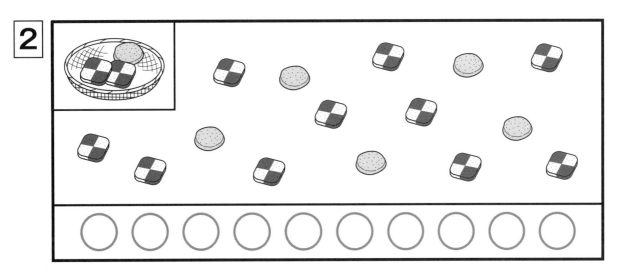

3

4

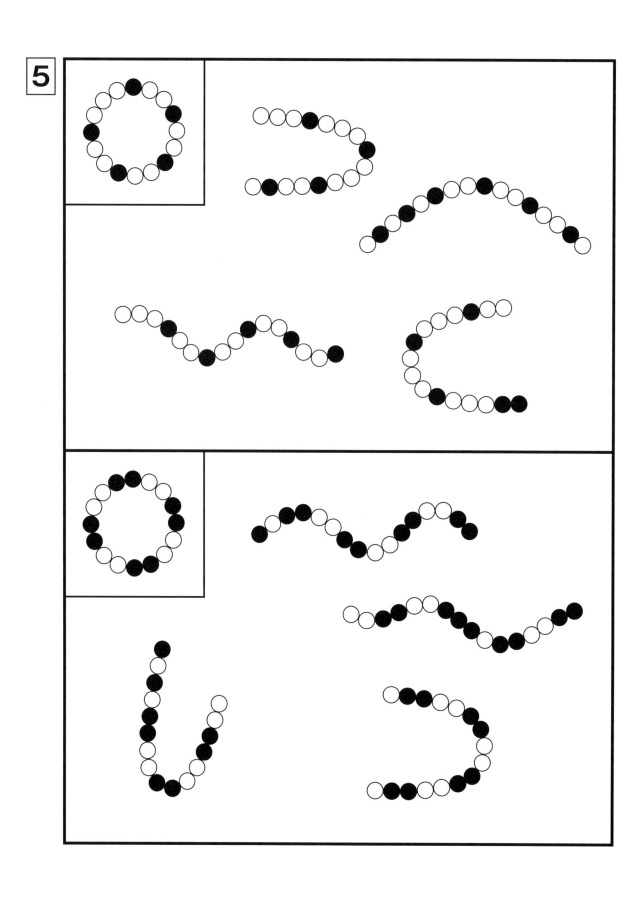

6

2019　横浜国立大学教育学部附属横浜小学校入試問題

■ 選抜方法

郵送受付順に受検番号が決まる。

| 第一次 | 約30人単位でペーパーテスト、個別テスト、集団テストを行い、男子145人、女子130人を選出する。所要時間は待ち時間を含めて約4時間。 |

| 第二次 | 第一次合格者を対象に約30人単位で集団テストを行い、男子91人、女子110人を選出する。所要時間は待ち時間を含めて約3時間。 |

| 第三次 | 第二次合格者による抽選を行い、男子53人、女子52人を選出する。 |

考査：第一次

┃ ペーパーテスト

筆記用具は鉛筆を使用し、訂正方法は×（バツ印）。出題方法は口頭とテレビモニター。

1 話の記憶

「イヌ君が野原に遊びに行くと、ウサギさんが木の根元に座って考え事をしているようでした。『ウサギさん、どうしたの』とイヌ君が聞くと、『お母さんのお誕生日のお祝いをしたいの。お母さんは、お星様を見るのが大好きなんだけど、お星様はあげられないし、困っているの』とウサギさんが答えました。イヌ君も空を見上げて一緒に考えましたが、やっぱり困ってしまいました。そこへ、物知りのヒツジさんが通りかかりました。ヒツジさんに相談してみると、『それなら、川へ行くといいよ。河原にピカピカ光るきれいな石が落ちていることがあるんだ。でも、なかなか見つからない珍しいものだよ。見つかるといいけど』と教えてくれました。『ありがとう』と、2匹はさっそく川に向かいました。一生懸命探しましたが、きれいな石はなかなか見つかりません。そのうちに、ヒツジさんも心配してやって来てくれました。3匹で探しましたが、やっぱり見つかりません。気がつくと辺りは薄暗くなっています。夢中で探しているうちに、夕方になってしまったのです。誰かの声が遠くから聞こえてきました。3匹のお母さんが、暗くなってきたので心配してお迎えに来たのです。『ああよかった、ここにいたのね。とても心配したのよ。もう暗くなったし、みんなでお家に帰りましょう』と言われたので、内緒にしたかったけれど何をしていたか正直にお話ししました。するとお母さんたちは、顔を見合わせました。『あり

がとう。ほら、空を見てごらんなさい。石は見つからなかったけれど、代わりに一番星が見つかったわ。暗くなったから、本当にきれいに見えるわね』とウサギさんのお母さんがニッコリしました」

・上の四角です。お話に出てきた動物すべてに○をつけましょう。
・下の左側です。ウサギさんのお母さんが好きなものに○をつけましょう。
・下の右側です。3匹が探し物をした場所に○をつけましょう。

2 常識（仲間分け）

・4つのうち1つだけ仲間ではないものを選んで○をつけましょう。

3 常　識

・1段目です。正しいことを言っている動物を選んで○をつけましょう。
　イヌ「お友達が作っていた積み木を、間違えて壊しちゃったの。だから、ごめんねって言ったの」
　ネコ「間違えて壊したんだから、謝らなくていいんだよ」
　サル「そうよ。間違えちゃったって言えばいいのよ」

・2段目です。正しいことを言っている動物を選んで○をつけましょう。
　ウサギ「川に遊びに行きましょう。タイが泳いでいるかなあ」
　クマ　「川に行くなら、タコが見てみたいな」
　ブタ　「川には、メダカが泳いでいるのよ。たくさんいるといいなあ」

・3段目です。正しいことを言っている動物を選んで○をつけましょう。
　タヌキ「みんなはどの昔話が好きかな。わたしは、大好きなニンジンが出てくるからさるかに合戦が好きなの」
　キツネ「僕は桃太郎に出てくるきびだんごが食べてみたいんだ」
　キリン「わたしは浦島太郎に出てくる打ち出の小づちを使ってみたいな」

4 推理・思考（回転図形）

・左のお手本を、右に2回コトンコトンと倒すとどのようになりますか。正しいものを右から選んで○をつけましょう。

5 推理・思考（重ね図形）

・左の2枚の絵は、透き通った紙に描かれています。2枚の絵をそのまま重ねると、どのようになりますか。右から選んで○をつけましょう。

6 常　識

テレビモニターにタンポポの綿毛が映る。

・今見たものが大きくなると、どのようになりますか。合う絵を選んで○をつけましょう。

テレビモニターにオタマジャクシが映る。

・今見たものが大きくなると、どのようになりますか。合う絵を選んで○をつけましょう。

7 数量（対応）

・四角の中に描いてある歯ブラシ1本とコップ1個が1人分です。1人分ずつの組み合わせになるように線で結び、余ったものに○をつけましょう。上も下もやりましょう。

個別テスト

1人ずつブースに呼ばれ、質問される。

言　語

・お名前を教えてください。
・お友達の名前を教えてください。
・お家ではどのようなお手伝いをしていますか。

集団テスト

巧緻性

・色鉛筆で塗り絵をする。
・模造紙に山（または川）の絵が描いてある。折り紙で生き物や植物を折り、在校生に渡して模造紙に貼ってもらう。

行動観察

・在校生と一緒になぞなぞをする。
・在校生が読んでくれる紙芝居を静かに聴く。

考査：第二次

集団テスト

行動観察

テスターの「風船の町では、風船が足りなくなって困っています。雲の上にある風船を落とし、みんなで助けてあげましょう」というお話を聞いた後、2人組になり棒2本を使って小さいボールを運ぶ。ドアを3つ通り抜けると風船の町に着くので、高い位置にある風船の山にボールを投げ、風船を落とす。

巧緻性

・色鉛筆で塗り絵をする。
・模造紙に森（または公園）の絵が描いてある。折り紙で生き物や植物を折り、在校生に渡して模造紙に貼ってもらう。

行動観察

・在校生と一緒になぞなぞをする。
・在校生が読んでくれる紙芝居を静かに聴く。

1

2

3

4

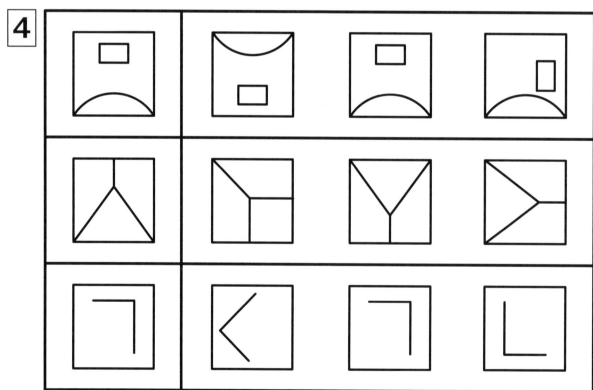

5

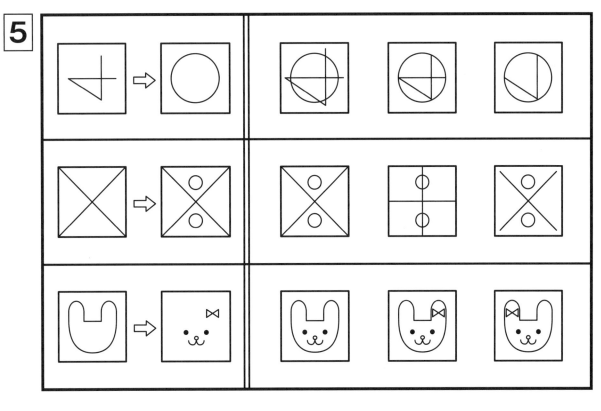

6

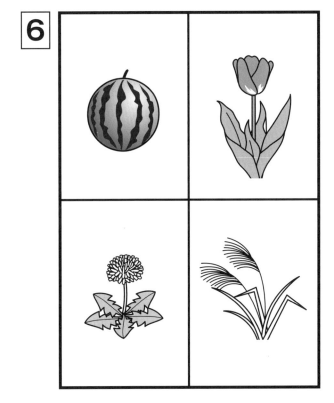

7

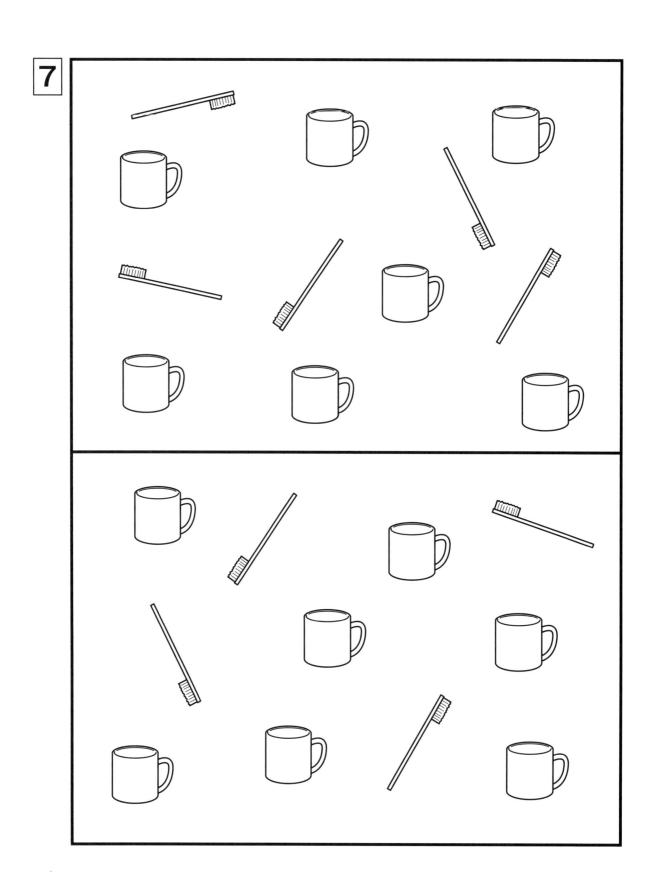

section 2018 横浜国立大学教育学部附属横浜小学校入試問題

■ 選抜方法

郵送受付順に受検番号が決まる。

| 第一次 | 約30人単位でペーパーテスト、個別テスト、集団テストを行い、男子140人、女子133人を選出する。所要時間は待ち時間を含めて約4時間。 |

| 第二次 | 第一次合格者を対象に約30人単位で集団テストを行い、男子76人、女子78人を選出する。所要時間は待ち時間を含めて約3時間。 |

| 第三次 | 第二次合格者による抽選を行い、男子53人、女子52人を選出する。 |

考査:第一次

▌ ペーパーテスト | 筆記用具は鉛筆を使用し、訂正方法は×(バツ印)。出題方法はテレビモニター。

1 話の記憶

「ウサギさんのお家の今日の夕ごはんは、カレーライスです。お料理をしていたお母さんが『あら、大変! タマネギを買い忘れちゃったわ』と困っていたので、お兄さんのピョンタロウ君と妹のウサコさんはお買い物に行くことにしました。『タマネギ2個と、ついでに大きいお魚を3匹、小さいお魚を5匹買ってきてね。そうそう、明日は学校で鉛筆を使うでしょう。今使っているのは短くなってしまったようだから、文房具屋さんに寄って新しい鉛筆も買っていらっしゃい』『はい、行ってきます!』ウサコさんがお財布を持ち、ウサギのきょうだいは元気にお買い物に出かけました。お店に行くまでの道の途中には、噴水のある大きな公園があります。ブランコも、すべり台もあります。『ねえ、遊んでいこうか』『ちょっとだけならだいじょうぶじゃない?』きょうだいは、少し寄り道をすることにしました。砂場でお山を作っていると夢中になって、時間がどんどん過ぎていきました。そして、ウサコさんのポケットからポロッとお財布が落ちてしまいましたが、どちらも気がつきません。そのうちに、『そろそろお買い物に行かなくちゃ』と言って、2匹はクマの八百屋さんに向かいました。八百屋さんに着いたところで、ウサコさんはお財布がないことに気がつきました。『お兄さん、お財布がない』『ちゃんと持っていなくちゃ駄目じゃないか! きっと公園で落としたんだよ』とピョンタロウ君は怒りました。怒られ

てしょんぼりしてしまったウサコさんですが、何とかお財布を見つけなくてはなりません。2匹は急いで公園に戻る途中で、カメのカメキチ君に出会いました。ウサコさんがお財布の話をして『一緒に探してくれる？』と聞くと、『それなら砂場で見たよ』と言って、カメキチ君は一緒に公園に行って探してくれました。カメキチ君に手伝ってもらって探すうちに、砂場の砂の中からやっとお財布を見つけることができました。『あっ、あった！やっぱりここで落としたのね。カメキチ君、ありがとう』とお礼を言ってカメキチ君と別れると、ホッとして八百屋さんに戻りました。ウサコさんはお買い物をしたことがないので、ピョンタロウ君がタマネギを買ってお手本を見せてくれました。2匹は、次にトラの魚屋さんに向かいました。『わたしもできるわ！』と言って今度はウサコさんがお魚を買い、お母さんに頼まれた数をちゃんと覚えていたのでピョンタロウ君にほめられました。『さっきは怒ったりしてごめんね』『わたしもお財布を落としてごめんなさい』。ピョンタロウ君とウサコさんは仲直りしてお家に帰りました。おや、どうやら鉛筆は買い忘れてしまったようですね」

・ウサコさんがお財布を落とした場所はどこですか。○をつけましょう。
・ウサギのきょうだいが買うのを忘れてしまったものに○をつけましょう。
・お財布を落としてしまったことに気がついてお兄さんに怒られたとき、ウサコさんはどんな顔をしていたと思いますか。その顔に○をつけましょう。
・ウサコさんたちが行ったところが正しい順番で描いてある四角に○をつけましょう。

2 数量（対応）

・コマとひもを組になるように1つずつ線でつなぎましょう。余るものには1つずつ○をつけてください。

3 常識（仲間分け）

・4つのうち1つだけ仲間ではないものを選んで○をつけましょう。

4 常 識

テレビからコオロギの鳴き声が聞こえてくる。
・今聞いた声はどの虫の鳴き声ですか。合う絵に○をつけましょう。

テレビモニターにカマキリの卵が映る。
・今見たものはどの生き物の卵ですか。合う絵に○をつけましょう。

テレビモニターに門松が映る。
・今見たものと同じ季節に飾るものに○をつけましょう。

5 推理・思考（対称図形）

・上の折り紙の黒い部分を切り取って開くとどのようになりますか。合うものを下から選んで○をつけましょう。

個別テスト | 1人ずつブースに呼ばれ、質問される。

言　語

・お名前を教えてください。
・一番よく遊ぶお友達の名前を教えてください。
・春夏秋冬で、どの季節が好きですか。それはどうしてですか。
・この小学校に入ったら何をしたいですか。

集団テスト

巧緻性

・塗り絵を色鉛筆で丁寧に塗る。塗り終わったら手を挙げ、在校生からの次の塗り絵をもらう。
・模造紙に山（または海）の絵が描いてある。折り紙で生き物や植物を折り、在校生に渡して模造紙に貼ってもらう。

行動観察

・在校生と一緒になぞなぞをする。
・在校生が読んでくれる紙芝居を静かに聴く。

考査：第二次

集団テスト

行動観察・生活習慣

ゼッケン（前側に番号、背中側に太陽、月、星のいずれかのマークがかかれている）をつけ、自分のマークと同じマークを腕につけているテスターのところに集まる。教室の真ん中にカバーがかけられたものがあり、カバーを取るとそれぞれのグループのマークがつい

たお弁当箱、おはしセット、Tシャツ、宝箱がある。自分のグループのマークがついた荷物を探し、グループごとの所定の位置に持っていって箱の中に片づける。Tシャツはたたんでからしまう。

🔖 行動観察

録音されたお話を聴く。「僕はクジラだよ。海賊が、僕の涙を取ってしまったんだ。海賊は僕の涙が宝物だから集めているんだ。海賊たちは海のどこかに隠れてしまった。僕が元気になる大切な涙を、みんなで取り戻して！」

🔖 行動観察（共同パズル）

3、4人のグループで行う。クジラの涙を取り戻すために行く宝島の地図が描かれたパズルを、グループのお友達と協力して完成させる。

🔖 リズム

「宝島へ行こう」というテスターの声掛けで、「さんぽ」の曲に合わせて教室の中を歩く。

🔖 集団ゲーム（クジラの涙集めゲーム）

3、4人のグループで行う。ビニールプールの中に、クジラの涙に見立てたたくさんのゴムボールが用意されている。その周りに磁石のついた皿、磁石のついた魔法の釣りざお3本、カゴが置いてある。グループのお友達と協力して、ゴムボールを磁石のついた皿に載せ、魔法の釣りざおを使って皿を持ち上げ、皿を傾けてボールをカゴに入れる。ゴムボールは皿に載せた後は手で直接触ってはいけない、皿からゴムボールが落ちたらそのままにしておくというお約束がある。

🔖 巧緻性

- 色鉛筆で塗り絵をする。
- 模造紙に森（または公園）の絵が描いてある。折り紙で生き物や植物を折り、在校生に渡して模造紙に貼ってもらう。

🔖 行動観察

- 在校生と一緒になぞなぞをする。
- 在校生が読んでくれる紙芝居を静かに聴く。

1

2

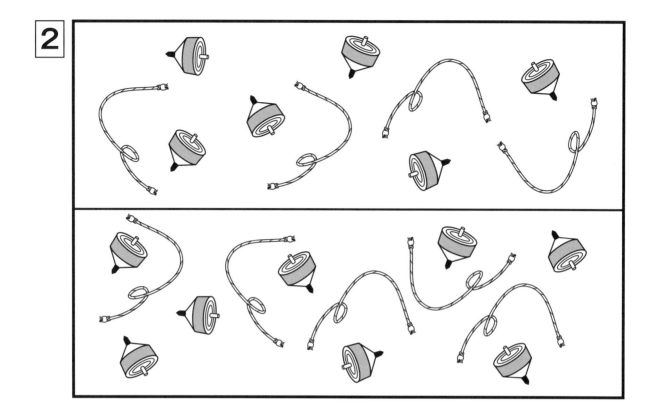

3

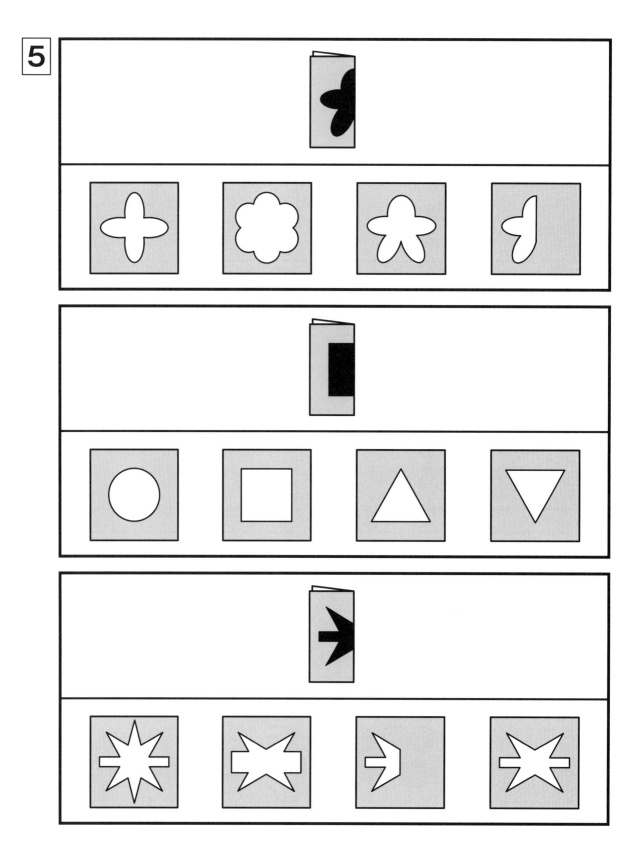

section
2017　横浜国立大学教育学部附属横浜小学校入試問題

■ 選抜方法

郵送受付順に受検番号が決まる。

| 第一次 | 約30人単位でペーパーテスト、個別テスト、集団テストを行い、男子152人、女子137人を選出する。所要時間は待ち時間を含めて約4時間。 |

| 第二次 | 第一次合格者を対象に集団テストを行い、男子90人、女子87人を選出する。所要時間は待ち時間を含めて約3時間。 |

| 第三次 | 第二次合格者による抽選を行い、男子53人、女子52人を選出する。 |

考査:第一次

■ ペーパーテスト ┃ 筆記用具は鉛筆を使用し、訂正方法は×(バツ印)。出題方法は口頭とテレビモニター。

1 話の記憶

　「森の動物たちが『今日はどこへ行こうかな』と相談していました。いろいろ考えているうちにネコさんが『探検してみたいなぁ』と言うと、『そうだ!　町へ探検に行こう!』とみんなが賛成して、町へ行くことに決まりました。町には森にないものがいっぱいあります。みんなは『いろいろな車が通っているね』とお話ししながら歩いていきました。珍しいものだらけでキョロキョロしながら歩いていたネコさんは、転んでひざをすりむいてしまいました。『イタタタタ……』と言うネコさんに、『だいじょうぶ?』とみんな心配そうです。ネコさんが『ばんそうこうを持ってきたからだいじょうぶだよ』とひざに貼ろうとすると、トラ君が貼ってくれました。ネコさんは『ありがとう』とお礼を言って、またみんなで歩き出しました。しばらくすると丸木橋が架かった川に着きました。『この橋を渡ると公園まで近道なんだよ。ここから行こうよ』とタヌキ君が言うと、ネコさんも『それがいいね』と賛成しました。ところがトラ君は『丸木橋は危ないよ。もう少し先にちゃんとした橋があるからそっちを渡ろう』と言いました。『でも遠回りをすると公園に着くのが遅くなっちゃうよ。気をつけて渡ればトラ君もだいじょうぶだよ』とタヌキ君が言うので、動物たちはみんなで丸木橋を渡ることにしました。トラ君はやっぱり怖いようで、困った顔をしながらそっとゆっくり進んで何とか渡ることができました。公園に着くと、

みんなで砂場でお山を作ったりブランコに乗ったりして遊びました。公園にはたくさんの木があり、そこではタヌキ君が、持ってきた虫眼鏡で何かを観察しています。ネコさんが、『わたしも見たいな』とタヌキ君に虫眼鏡を借りて木の幹をよく見てみると、小さな虫がいました。虫の足を数えてみると6本ありました。たくさん遊んでおなかがすいたので、トラ君が持ってきたバナナをみんなで食べることにしました。バナナは2本しかなかったので、みんなで相談して、体の大きいトラ君が1本食べ、残りの1本をタヌキ君とネコさんで半分ずつ食べました」

- ・一番上の段です。キョロキョロしながら歩いていて転んでしまった動物に○をつけましょう。
- ・2番目の段です。丸木橋を渡ることに賛成した動物に○をつけましょう。
- ・3番目の段です。丸木橋を渡るとき、困った顔をしていた動物に○をつけましょう。
- ・一番下の段です。ネコさんが食べたバナナはどれですか。合う絵に○をつけましょう。

2 数量（対応）

- ・フライパンとフライパンのふたを組になるように1つずつ線でつなぎましょう。余るものには1つずつ○をつけてください。

3 記　憶

テレビから「どんぐりころころ」の歌が聞こえてくる。
- ・今の歌に出てくるものを4つの中から選んで○をつけましょう。

4 常　識

テレビモニターに台所の特定の場所が映る。
- ・今見た場所と同じ場所に○をつけましょう。

5 常識（仲間分け）

- ・4つのうち1つだけ仲間ではないものを選んで○をつけましょう。

6 観察力

- ・左の3つの形で作っていないものを右から選んで○をつけましょう。

7 推理・思考（比較）

- ・一番大きいバナナに○をつけましょう。

個別テスト

1人ずつブースに呼ばれ、質問される。

言　語

- お名前を教えてください。
- 幼稚園（保育園）では何をして遊びますか。
- お誕生日には何をもらいたいですか。
- 大きくなったら何になりたいですか。
- 好きな動物は何ですか。
- 幼稚園（保育園）にはどうやって行きますか。
- お友達の名前を教えてください。
- 今日は誰とここに来ましたか。
- お休みのときは何をして過ごしますか。

集団テスト

巧緻性

- 塗り絵を色鉛筆で丁寧に塗る。塗り終わったら手を挙げ、在校生から次の塗り絵をもらう。
- 模造紙に森（または海）の絵が描いてある。折り紙で森にいるもの（または海にいるもの）を折り、在校生に渡して模造紙に貼ってもらう。

行動観察

在校生と一緒になぞなぞをする。

考査：第二次

集団テスト

紙芝居を聴いた後「妖精の国」をテーマにさまざまな活動を行う。

行動観察

紙芝居を静かに聴く。「妖精の国はとてもきれいな国でしたが、ある日突然台風が来て、きれいなお家は壊れてしまいました。悲しくなった妖精は人間に助けてもらおうと考え、人間の世界にやって来ました」

◢ 歌

「妖精の歌」（「森のくまさん」の替え歌）を歌う。

◢ 集団ゲーム

妖精の木に見立てた玉入れのポールと、その周りにしあわせの実に見立てた風船が用意されている。妖精の木の根元にはペットボトルが並べてある。花の絵が描かれたうちわが各自1本ずつ配られる。しあわせの実を手で触らないようにしてうちわですくい、妖精の木の網に入れて、元に戻してあげる。「終わり」の合図があったら、妖精の木の根元のペットボトルにうちわを立てて、花を咲かせる。

8 行動観察（共同制作）

ゼッケンをつけて行う。5人前後の3つのグループに分かれ、ソフトブロックを使って妖精の町をグループごとに協力して作る。町ができたら、全部のグループが作った町を合わせて妖精の国にする。

◢ 行動観察

在校生が読んでくれる紙芝居を静かに聴く。

◢ 巧緻性

・塗り絵の台紙を1枚ずつ渡され、色鉛筆で自由に塗る。
・模造紙に森（または公園）の絵が描いてある。折り紙で好きなものを折り、在校生に渡して模造紙に貼ってもらう。

1

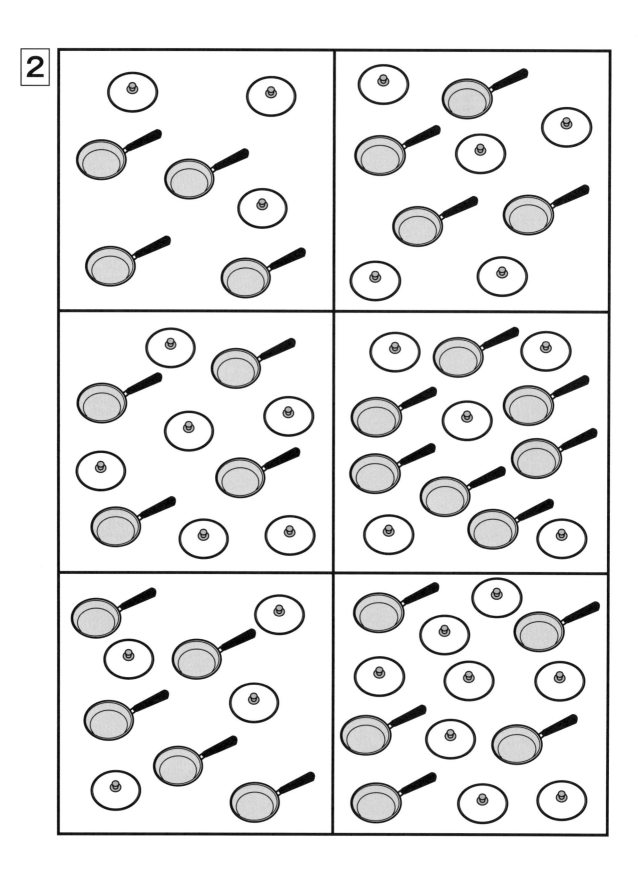

3

4

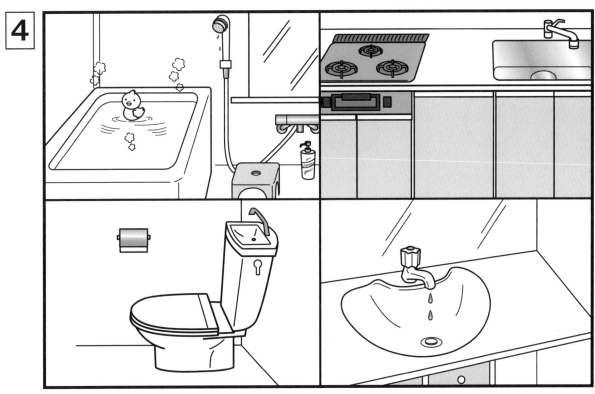

2023 2022 2021 2020 2019 2018 2017 2016 2015 2014

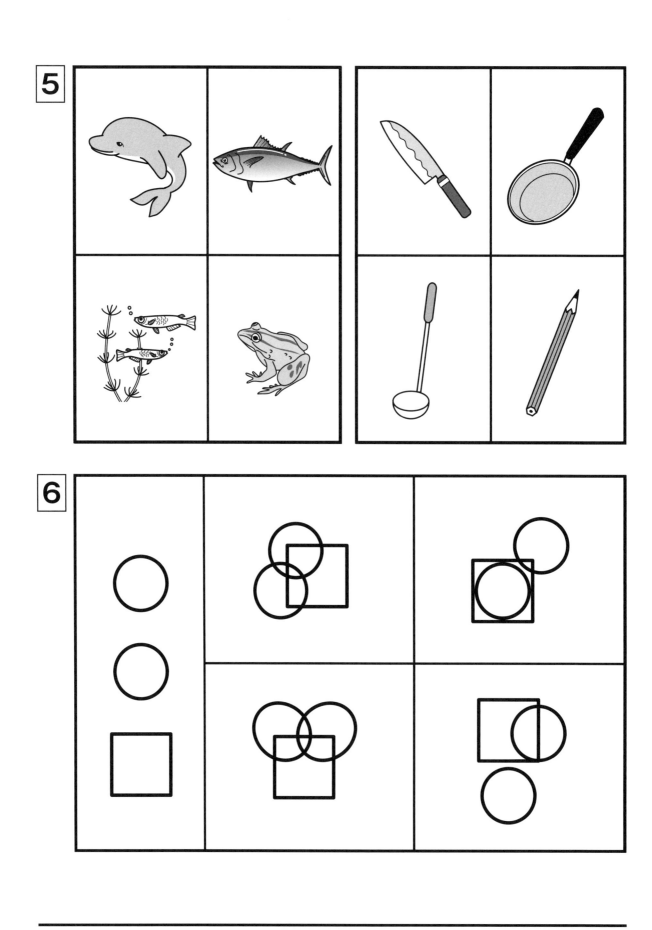

7

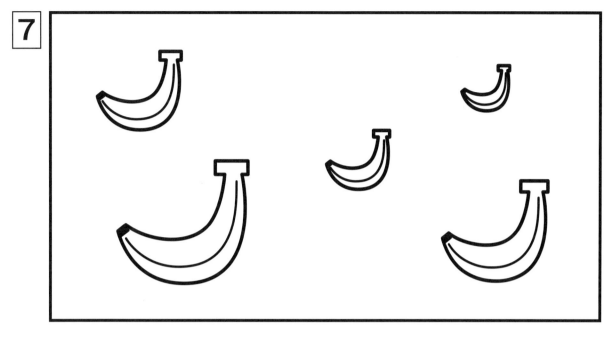

8

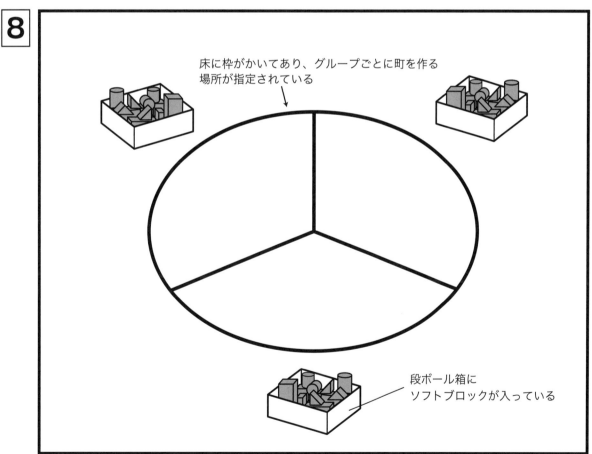

床に枠がかいてあり、グループごとに町を作る
場所が指定されている

段ボール箱に
ソフトブロックが入っている

2016 横浜国立大学教育人間科学部附属横浜小学校入試問題

■ 選抜方法

郵送受付順に受検番号が決まる。

第一次	約30人単位でペーパーテスト、集団テスト、運動テストを行い、男子147人、女子137人を選出する。所要時間は待ち時間を含めて約4時間。

第二次	第一次合格者を対象に集団テストを行い、男子82人、女子86人を選出する。所要時間は待ち時間を含めて約4時間。

第三次	第二次合格者による抽選を行い、男子53人、女子52人を選出する。

考査：第一次

┃ ペーパーテスト ┃ 筆記用具は鉛筆を使用し、訂正方法は×（バツ印）。出題方法は口頭とテレビモニター。

1 話の記憶

「あるところに、とても仲のよいウサギのきょうだいがいました。お兄さんは黒ウサギのウサオ君、妹は白ウサギのウサコちゃんです。2匹のウサギは『今日は3時のおやつにアイスクリームを食べようね』とお約束をして、昨日もらったアイスクリームを一緒に食べることにしていました。3時になりおやつを食べていると、『ピンポーン』と玄関のチャイムが鳴りました。玄関を開けてみると、カメのカメキチ君が立っていました。『ウサオ君、ウサコちゃん、こんにちは。明日サッカーの練習をするから、サッカーボールと水筒を忘れないように持ってきてねって、クマのコーチが言っていたよ』とカメキチ君が教えてくれました。『ありがとう、カメキチ君。忘れずに持っていくね』と2匹のウサギは言いました。カメキチ君とのお話が楽しくて、ウサオ君もウサコちゃんもアイスクリームのことをすっかり忘れてしまいました。でもお母さんはお話し中にアイスクリームが溶けないように、冷凍庫に入れておいてくれました。次の日、朝起きるととてもよいお天気でした。2匹のウサギは忘れ物をしないように一緒に支度をして、元気に出かけていきました。クマのコーチとカメキチ君と一緒にたくさん練習したのでおなかがペコペコになり、お昼にはお母さんが作ってくれたおいしいお弁当を残さずに全部食べました。その後も夢中になってみんなでサッカーをしていると、あっという間に夕方になっていました。『今日はそ

ろそろおしまいにしよう。気をつけて帰るんだよ』とクマのコーチが言いました。『サッカーの練習楽しかったね。またみんなで一緒に頑張ろうね』と言いながら、2匹のウサギはスキップしてお家に帰りました」

- お話に出てきたきょうだいの絵に、それぞれ○をつけましょう。
- スキップしてお家に帰ったきょうだいは、どのような顔でしたか。合う絵を選んで○をつけましょう。
- 左から絵がお話の順番通り正しく並んでいる段に○をつけましょう。

2 数　量

- スイカとバナナの数を比べて、多い方に○をつけましょう。
- カキとリンゴの数を比べて、多い方に○をつけましょう。
- ハクサイとキャベツの数はいくつ違いますか。違う数だけ下の四角に○をかきましょう。
- ダイコンとニンジンの数はいくつ違いますか。違う数だけ下の四角に○をかきましょう。

3 常　識

テレビモニターに花が咲いたサクラの木が映る。
- 今見たものと同じ季節に食べられるものに○をつけましょう。

テレビモニターに葉が黄色く色づいたイチョウの木が映る。
- 今見たものと同じ季節のお花に○をつけましょう。

テレビモニターに炊飯器が映る。
- ご飯をよそうときに使うものに○をつけましょう。

4 推理・思考（対称図形）

テレビモニターに左端の旗が映る。
- 今見た旗を矢印の方向にパタンと裏返したときの絵を右から選んで○をつけましょう。

集団テスト

巧緻性

- 好きな塗り絵を1枚選び、色鉛筆で丁寧に塗る。1枚塗り終わったら在校生に「終わりました」と伝え、次の塗り絵をもらう。
- 模造紙に森（または海）の絵が描いてある。折り紙で森にいるもの（または海にいるも

の）を折り、在校生に渡し模造紙に貼ってもらう。1枚折り終わったら、在校生からもう1枚折り紙をもらってさらに折る。

🏷 行動観察

・在校生と一緒になぞなぞをする。
・在校生が読んでくれる紙芝居を静かに聴く。

運動テスト

🏷 連続運動

テスターのお手本を見てから行う。

・かばんを持って床のラインの上を歩く→ぶつからないように四角の枠をくぐる→階段を上り下りする→カゴの中にかばんを入れる→マットの上に置かれた大小のフープの上を、ジャンプして進む（ジャンプは両足、片足どちらでもよい）→走って元の位置に戻る。

考査：第二次

集団テスト

🏷 巧緻性

好きな塗り絵を1枚選び、色鉛筆で丁寧に塗る。1枚塗り終わったら、在校生に「終わりました」と伝え、次の塗り絵をもらう。

🏷 行動観察（共同制作）

4人グループで行う。水色、赤、紫、緑のプラスチックのコップが用意されている。そのコップを使い、みんなで協力してタワーや町を作る。

🏷 行動観察

・在校生と一緒になぞなぞをする。
・在校生が読んでくれる紙芝居を静かに聴く。

🏷 言　語

考査中に1人ずつ質問される。

・お名前を教えてください。

・今日はここまでどのようにして来ましたか。

・好きな遊びを教えてください。

・幼稚園（保育園）で仲よしのお友達の名前を教えてください。

・お家ではどのようなお手伝いをしていますか。

・お正月に楽しみにしていることを教えてください。

1

2

3

4

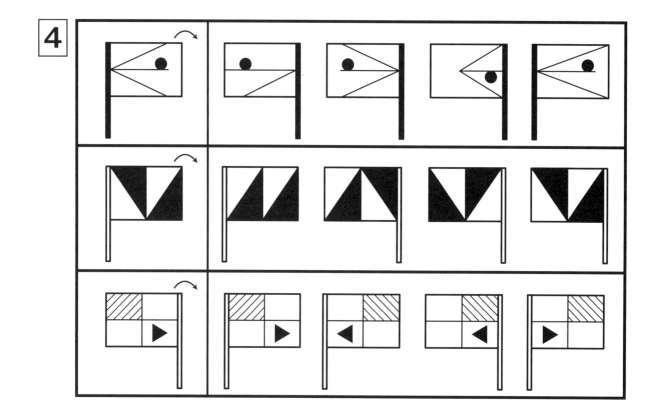

^{section}
2015 横浜国立大学教育人間科学部附属横浜小学校入試問題

■ 選抜方法

郵送受付順に受検番号が決まる。

| 第一次 | 約30人単位でペーパーテスト、集団テスト、運動テストを行い、男子154人、女子151人を選出する。所要時間は待ち時間を含めて約4時間。 |

| 第二次 | 第一次合格者を対象に集団テストを行い、男子87人、女子81人を選出する。所要時間は待ち時間を含めて約4時間。 |

| 第三次 | 第二次合格者による抽選を行い、男子53人、女子52人を選出する。 |

考査：第一次

▎ペーパーテスト ▎ 筆記用具は鉛筆を使用し、訂正方法は×（バツ印）。出題方法はテレビモニター。

1 話の記憶

「ある晴れた日曜日、サル君はお母さんに買ってもらったばかりの麦わら帽子をかぶってお散歩に出かけることにしました。歌を歌いながら野原を歩いていると、突然ピューっと強い風が吹き、帽子が飛ばされてしまいました。帽子は空高く飛ばされ、丘の上にある大きな木に引っかかってしまいました。サル君は帽子を取るため、高くジャンプしましたがなかなか届きません。サル君が困って泣いていると、そこにクマ君が通りかかりました。『こんにちは、サル君。何かあったのかい？』『帽子が風に飛ばされて、木に引っかかっちゃったの。お母さんに買ってもらった大切なものなんだ……』『そうなのか。よし！ 僕が肩車してあげるよ！』サル君はクマ君に肩車してもらい、帽子を取ることができました。『ありがとう、クマ君！』とサル君はニコニコ笑いながら言いました。2匹がかけっこをして仲よく遊んでいると、そこにウサギ君がやって来ました。『こんにちは。みんなでかくれんぼしようよ』『いいよ。じゃあ、僕がオニになるからみんな隠れて』とクマ君が言いました。サル君は草むらに隠れましたが、麦わら帽子が見えていたので、すぐに見つかってしまいました。そのときです。また突然強い風がピューっと吹き、帽子が飛ばされてしまいました。帽子は空高く飛ばされ、川に落ちました。帽子は流され、大きな岩に引っかかってしまいました。サル君がいくら手を伸ばしてもなかなか届きません。そこで3匹

は手をつないで取ることにしました。『よいしょ。よいしょ』『やった! 取れたよ! ク
マ君、ウサギ君、ありがとう』。サル君が笑って言いました。夕方になり3匹は仲よく手
をつないでお家に帰りました」

- 上の4段です。お話の順番に左から並んでいる段に○をつけましょう。
- 真ん中の段です。帽子が木に引っかかってしまったときのサル君は、どんな顔をしてい
  たでしょうか。合う絵を選んで○をつけましょう。
- 3匹は川に流された帽子をどのようにして取りましたか。合う絵に○をつけましょう。

2 数量（対応）

- 四角の中に描いてある2つの違うものを組み合わせて1つずつセットにしたとき、余る
  ものに1つずつ○をつけましょう。

3 推理・思考（対称図形）

- 左の絵を矢印の方に裏返したときの絵を、右の四角から選んで○をつけましょう。

4 常識

- 上の段です。毛糸でできているものはどれですか。合う絵に○をつけましょう。
- 下の段です。たくあんは何からできていますか。合う絵に○をつけましょう。

5 言語（しりとり）

- 左端の絵からしりとりをします。空いている四角に何を入れるとしりとりでつながりま
  すか。下の四角から選んで○をつけましょう。

6 常識

テレビから波の音が聞こえてくる。
- 今の音は何の音でしょうか。合う絵に○をつけましょう。

テレビから「うさぎとかめ」の歌が聞こえてくる。
- 「もしもしかめよ」と言っているのはどの生き物ですか。合う絵に○をつけましょう。

集団テスト

巧緻性

- 折り紙を1枚ずつ渡され、好きなものを折る。

・塗り絵の台紙を1枚ずつ渡され、色鉛筆で自由に塗る。

行動観察

・在校生と一緒になぞなぞをする。
・在校生が読んでくれる紙芝居を静かに聴く。

運動テスト

連続運動

テスターのお手本を見てから行う。

・床のラインの上を歩く→鉄棒をくぐる→水たまりが描いてある紙を跳び越える→跳び箱に登り、マットに飛び降りる→マットの横に置いてあるお菓子の袋を持って床のラインの上を歩く→カゴにお菓子の袋を入れる→走って元の位置に戻る。

考査：第二次

集団テスト

巧緻性

キャラクターが描かれた塗り絵の台紙を1枚ずつ渡され、色鉛筆で自由に塗る。

巧緻性

海（または山）にあったり、いたりするものを折り紙で折る。折り終わったら海（または山）が描いてある模造紙のところに行き、在校生に貼ってもらう。

言　語

考査中に1人ずつ質問される。
・お名前、住所、電話番号を教えてください。
・お家でのお手伝いは何をしていますか。
・最近家族で旅行に行きましたか。

行動観察

ゼッケンをつけて行う。
・4、5人のグループで絵柄が描いてある箱ブロックを完成させる。

2

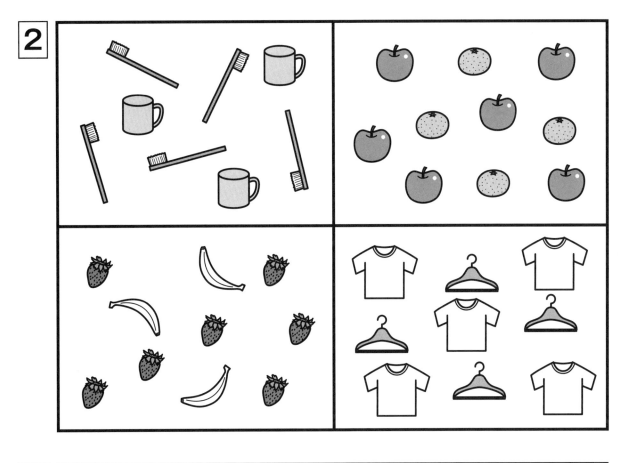

3

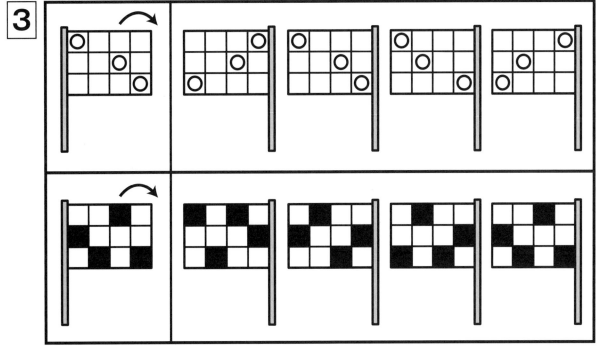

4

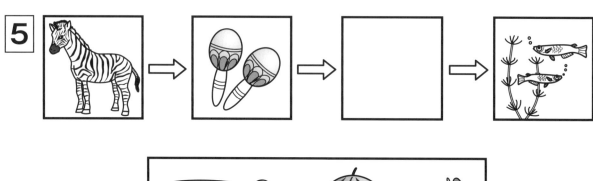

5

6

section
2014 横浜国立大学教育人間科学部附属横浜小学校入試問題

■ 選抜方法

郵送受付順に受検番号が決まる。

| 第一次 | 約30人単位でペーパーテスト、集団テスト、運動テストを行い、男子140人、女子137人を選出する。所要時間は待ち時間を含めて約4時間。 |

| 第二次 | 第一次合格者を対象に集団テストを行い、男子79人、女子85人を選出する。所要時間は待ち時間を含めて約4時間。 |

| 第三次 | 第二次合格者による抽選を行い、男子52人、女子53人を選出する。 |

考査：第一次

■ ペーパーテスト

筆記用具は鉛筆を使用し、訂正方法は×（バツ印）。出題方法はテレビモニター。

1 話の記憶

「キツネさんがお父さんに買ってもらったばかりのバケツを持って、川へ遊びに行きました。とても暑い日で太陽が頭の上にあります。暑くてたまらないのでキツネさんはお昼ごはんを食べにお家に帰ることにしましたが、新しいバケツを持って帰るのを忘れてしまいました。しばらくすると川にサルさんがやって来ました。暑くてのどが渇いていたサルさんは、バケツを見つけると川の水をくんで飲みました。次にロバさんがやって来ました。バケツの中をのぞくと水が入っています。のどが渇いていたロバさんはバケツの水を飲みました。空っぽになったバケツは風に飛ばされそうです。ロバさんはバケツにナシを5個入れました。重くなったバケツはもう飛ばされそうにありません。次にクマさんがやって来ました。おなかがすいていたクマさんはバケツに入っていたナシを全部食べてしまいました。クマさんは空っぽになったバケツに持っていたヒマワリを入れて、お水も入れました。もう太陽が沈む時間になりました。忘れ物に気づいたキツネさんが戻ってきました。バケツにはきれいなヒマワリが生けてあります。きれいだなと思いながらキツネさんはバケツを持ってお家に帰りました」

・上の3段です。動物がお話に出てきた順番に左から並んでいる段に○をつけましょう。

・真ん中の段です。水を飲んだ動物に○をつけましょう。

・下の２段です。お話の最後の様子に合う絵に○をつけましょう。

2 推理・思考（比較）

・一番長いひもに○をつけましょう。

3 常 識

・左上の四角です。飛ぶ虫に○をつけましょう。

・右上の四角です。はくものに○をつけましょう。

・左下の四角です。車の仲間に○をつけましょう。

・右下の四角です。魚の仲間に○をつけましょう。

4 常識（季節）

「たなばたさま」の曲を聴く。

・今の歌の季節に合うものに○をつけましょう。

集団テスト

巧緻性

塗り絵をする。

行動観察

・在校生と一緒になぞなぞをする。

・在校生が読んでくれる紙芝居を静かに聴く。

運動テスト

連続運動

テスターのお手本を見てから行う。

・カゴからかばんを取る→かばんを持ったまま床の上のラインに沿って歩く→カゴにかばんを入れる→魚の絵が描いてある紙を跳び越える→鉄棒をくぐる→跳び箱に登り、マットに飛び降りる→走って元の位置に戻る。

考査：第二次

集団テスト

巧緻性

　　　・折り紙を折る。
　　　・塗り絵をする。

行動観察

　　　・在校生と一緒になぞなぞをする。

　　　決められた色のTシャツを着る。
　　　・同じ色のTシャツを着た4人がグループになる。グループで協力してソフトブロックを
　　　　使って町や建物を作る。

言　語

　　　考査中に1人ずつ質問される。
　　　・大きくなったら何になりたいですか。
　　　・お友達の名前を教えてください。
　　　・外で遊ぶとき一番好きな遊びを教えてください。

1

2

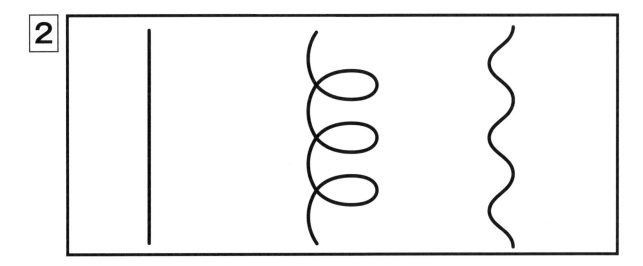

3

4

［過去問］

2024
横浜国立大学教育学部附属鎌倉小学校
入試問題集

・問題内容についてはできる限り正確な調査分析をしていますが、入試を実際に受けたお子さんの記憶に
基づいていますので、多少不明瞭な点はご了承ください。

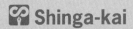 Shinga-kai

過去10年間の入試問題分析
出題傾向とその対策

2023年傾向

　出題傾向は例年とほぼ変わらず、第一次考査１日目の運動テストでは、障害物を越えながら指示通りにお盆の上に載せたものやいすを運ぶ課題が出され、指示を正確に理解して慎重に取り組む姿勢などが見られました。２日目の個別テストでは、紙芝居を見ながら質問に答える問題が出題され、その中で常識や記憶力、観察力が問われました。

傾　向

　第一次考査は、１日目が運動テスト、２日目が個別テストという形式で長く続けられてきました。この10年の間、集団テストおよび個別テストでの行動観察は行われていません。例年、運動テストでは、ケンケン、平均台、鉄棒でのぶら下がりなどが行われ、年齢相応の体力やバランス感覚、持久力などの基本的な運動能力を見る課題が実施されています。また「動いている棒にぶつからないように線の上を通り抜ける」など、敏捷性を見る課題も毎年出されています。指定の通学範囲が広いために、遠方から通学する場合には登下校に相当な体力を必要とすること、安全に登下校をするためには注意力を必要とすることから、体力と注意力がテストの中で確認されます。個別テストに関しては、話の記憶を中心に、言語、常識、数量、観察力などが出題されています。問題の難易度はそれほど高くありませんが、個別テストですので、プリントを使用していても黙って○をかいたり、線を引いたりする解答方法ではありません。口頭で答えたり、地図上の道を指でなぞって示したり、正しい絵を指さしたりと、指示を聞いて自分なりに答える判断力や、作業しながら解答する力が評価されています。個別テスト中には言語（口頭試問）も実施されています。子どもが１人ずつ呼ばれて、自分の名前や好きな遊びなどが質問されます。第二次考査では、第一次考査合格者を対象に抽選が行われます。男女それぞれの第一次考査合格者の保護者が、用意された番号札入りの封筒（第一次考査合格者数より１つ多い）から１通ずつ引き、最後に残った封筒に入っていた番号札の次番から募集人数分が合格となります。

対　策

学校が設定する運動テスト、個別テストにおいて、5、6歳児に求められる基礎的能力を身につけて的確に対応できるように準備しておくことが必要です。特に1日目の考査が運動テストであることから、健康な体であること、通学時に起こり得るさまざまな事柄にも対応できるような体力や持久力、判断力が身についていることをとても大切に考えている学校だといえます。運動テストの一つひとつは基本的な身体能力が備わっていれば問題ないレベルのものですが、集団の中で指示を聞き取り、約束を守って行動できるか、うまくいかないことがあっても最後まであきらめずに取り組めるかなどが見られています。日ごろからお子さんの活動状況を見守るときには、励ましや言葉掛けを工夫してみてください。できるはずと思っている運動も改めてやってみるとぎこちなさが目についたり、張り切り過ぎて失敗したりということもあります。公園などに出かけて、一緒に目標を決めて幅跳びやケンパーを行ったり、鉄棒にどれくらい長くぶら下がっていられるか試したりして、持久力を高める練習をしてみるのもよいでしょう。2日目の個別テストでは、ペーパーテスト形式よりも、取り組み方やものを扱う態度がはっきり表れます。解答方法も、指で示す、言葉で答えるなどさまざまです。質問の内容はもちろん、解答の指示まできちんと聞いたうえで自分なりの答えや対応ができるよう、1つの問題でもおはじきを置いて答えたり、言葉で表現したりと形を変えて行ってみましょう。特に話の記憶はほぼ毎年出題されています。お話の要素を問うだけでなく、地図を見て、登場人物の通った道や一番早く着く道を指でなぞるといった問題も出されます。道の長さを問われる場合に必要な、真っすぐや斜めの線の長さなどについてもきちんと理解しておきましょう。お話は集中してきちんと聞く姿勢が大切です。そのためにも日ごろから読み聞かせを行い、「面白かった」「楽しかった」だけで終わるのではなく、「お話に出てきたのは誰？　その後どうなったの？」などと問いかけてみましょう。そうした働き掛けを重ねることで、興味を持ってお話を聞く態度が身についていきます。ほかには、道徳や同図形発見の問題もよく出されています。言語（口頭試問）については、どんな場所でも自分のことについて自分の言葉で話せることが大切です。相手にわかるようなはっきりした声や話し方で、質問に対して的確に答えることができるようにしていきましょう。考査は2日間にわたり、両日とも待機時間も含めて2～3時間ほどの時間を要すことが多いため、長時間待つことに慣れておくのも大切です。それに伴い、保護者の待機時間も長くなることを理解しておきましょう。また、初めてのお友達とも長時間にわたって楽しく活動できるよう、集中力や協調性を養っておきましょう。日ごろから物事にけじめをつけることをはじめ、きちんとしたしつけを心掛けてください。なお、考査日程が前年までとは変わることもありますので、学校の設ける説明会などには必ず参加して、最新の情報を得ておくことが不可欠です。

年度別入試問題分析表

【横浜国立大学教育学部附属鎌倉小学校】

	2023	2022	2021	2020	2019	2018	2017	2016	2015	2014
ペーパーテスト										
話										
数量										
観察力										
言語										
推理・思考										
構成力										
記憶										
常識										
位置・置換										
模写										
巧緻性										
絵画・表現										
系列完成										
個別テスト										
話	○	○	○	○	○		○	○	○	○
数量									○	
観察力	○	○	○	○	○	○				
言語	○	○	○	○	○	○	○	○	○	○
推理・思考										
構成力										
記憶										
常識	○	○	○	○	○	○		○	○	
位置・置換										
巧緻性										
絵画・表現										
系列完成										
制作										
行動観察										
生活習慣										
集団テスト										
話										
観察力										
言語										
常識										
巧緻性										
絵画・表現										
制作										
行動観察										
課題・自由遊び										
運動・ゲーム										
生活習慣										
運動テスト										
基礎運動	○	○	○	○	○	○	○	○	○	○
指示行動	○	○	○	○	○	○				
模倣体操										
リズム運動	○	○	○		○	○	○			
ボール運動										
跳躍運動				○	○	○				
バランス運動	○	○	○	○	○	○	○	○	○	○
連続運動										
面接										
親子面接										
保護者(両親)面接										
本人面接										

※伸芽会教育研究所調査データ

小学校受験Check Sheet

　お子さんの受験を控えて、何かと不安を抱える保護者も多いかと思います。受験対策はしっかりやっていても、すべてをクリアしているとは思えないのが実状ではないでしょうか。そこで、このチェックシートをご用意しました。1つずつチェックをしながら、受験に向かっていってください。

✳ ペーパーテスト編

①お子さんは長い時間座っていることができますか。

②お子さんは長い話を根気よく聞くことができますか。

③お子さんはスムーズにプリントをめくったり、印をつけたりできますか。

④お子さんは机の上を散らかさずに作業ができますか。

✳ 個別テスト編

①お子さんは長時間立っていることができますか。

②お子さんはハキハキと大きい声で話せますか。

③お子さんは初対面の大人と話せますか。

④お子さんは自信を持ってテキパキと作業ができますか。

✳ 絵画、制作編

①お子さんは絵を描くのが好きですか。

②お家にお子さんの絵を飾っていますか。

③お子さんははさみやセロハンテープなどを使いこなせますか。

④お子さんはお家で空き箱や牛乳パックなどで制作をしたことがありますか。

✳ 行動観察編

①お子さんは初めて会ったお友達と話せますか。

②お子さんは集団の中でほかの子とかかわって遊べますか。

③お子さんは何もおもちゃがない状況で遊べますか。

④お子さんは順番を守れますか。

✳ 運動テスト編

①お子さんは運動をするときに意欲的ですか。

②お子さんは長い距離を歩いたことがありますか。

③お子さんはリズム感がありますか。

④お子さんはボール遊びが好きですか。

✳ 面接対策・子ども編

①お子さんは、ある程度の時間、きちんと座っていられますか。

②お子さんは返事が素直にできますか。

③お子さんはお父さま、お母さまと3人で行動することに慣れていますか。

④お子さんは単語でなく、文で話せますか。

✳ 面接対策・保護者（両親）編

①最近、ご家族での楽しい思い出がありますか。

②ご両親の教育方針は一致していますか。

③お父さまは、お子さんのお家での生活や幼稚園・保育園での生活をどれくらいご存じですか。

④最近タイムリーな話題、または昨今の子どもを取り巻く環境についてご両親で話をしていますか。

2023
2022
2021
2020
2019
2018
2017
2016
2015
2014

section
2023 横浜国立大学教育学部附属鎌倉小学校入試問題

■ 選抜方法

| 第一次 | 考査は2日間で、1日目は運動テスト、2日目は個別テストを行い、男子81人、女子93人を選出する。所要時間は待ち時間を含め、1日目が1時間～3時間、2日目が約1時間（受検番号による）。 |

| 第二次 | 第一次合格者による抽選を行い、男子52名、女子53名を選出する。 |

考査：1日目

▌ 運動テスト ▎ 待っている間は後ろ向きになって体操座りをする。

◪ 平均台

傾斜のある平均台を渡る。途中にある障害物を越えながら進み、端にあるボタンを押したら向きを変え、また平均台を渡って戻る。

◪ バランス

床に置かれたコンクリートブロックや丸形のマットの上を、落ちないように渡る。丸形のマットは途中で左右にコースが分かれており、好きな方を選んで進むことができる。

◪ 敏捷性

揺れている棒（テスターが揺らしている）にぶつからないように、直線の道を進む。

◪ ケンパー

床に置かれたフープの中をパー、ケンケンケンケン、パーで進む。ケンケンのフープは途中で左右にコースが分かれており、好きな方を選んで進むことができる。

◪ 指示行動

床の上にある障害物の箱をまたいで越えながら、荷物を運ぶ。まず、背もたれのないいすを持ってスタート地点から机の脇まで運び、フープの中に置く。次に、机に置かれた野球のボールとペットボトルが載ったお盆を、もう1つの机まで運ぶ。

考査：2日目

個別テスト

■ 言 語

・お名前と誕生日を教えてください。
・幼稚園（保育園）の名前を教えてください。
・幼稚園（保育園）では何をして遊びますか。

1 話の記憶・常識・観察力（同図形発見）

紙芝居を見ながらお話を聴く。途中でテスターの質問に答える。

A

「ウシのおばあさんが、ミカンを買いに出かけます。果物屋さんまではバスに乗っていきます。ゆっくりと、転ばないように気をつけながらバス停に向かいました」

B

「バス停に着くと危ないことをしている子がいます。その子たちに注意をしているとバスがやって来たので、おばあさんはすぐに乗り込みました。ところが、いつもと違うバスに乗ってしまったようです。慌てて次のバス停で降り、乗り換えました」

下記の質問に指さしと口頭で答える。
・危ないことをしているのはどの動物ですか。指でさしてお話ししてください。

C

「バスを降りると、果物屋さんの看板がすぐに見えました。おばあさんは果物屋さんで、ミカンを3個買いました。帰りは間違えないように気をつけたので、いつものバスに乗ることができました」

D

下記の質問に指さしと口頭で答える。
・上にあるのが、さっきのお店と同じ看板です。では、下から同じ看板を選び、指でさしてください。
・おばあさんは何を何個買いましたか。お話してください。

section
2022 横浜国立大学教育学部附属鎌倉小学校入試問題

■ 選抜方法

第一次 考査は2日間で、1日目は運動テスト、2日目は個別テストを行い、男子100人、女子93人を選出する。所要時間は待ち時間を含め、1日目が1時間30分～2時間30分、2日目が約1時間（受検番号による）。

第二次 第一次合格者による抽選を行い、男子53名、女子52名を選出する。

考査：1日目

┃ 運動テスト ┃ 待っている間は後ろ向きになって体操座りをする。

◪ 平均台

平均台を渡る。途中にある棒や箱などの障害物を越えながら進み、端にあるボタンを押したら向きを変え、また平均台を渡って戻る。

◪ 敏捷性

揺れている棒（テスターが揺らしている）にぶつからないように進む。

◪ ケンパー

床に置かれたフープの中をケンパー、ケンケンケンケンパーで進む。

◪ 指示行動

床の上にある障害物の箱をまたいで越えながら、机から机へと荷物を運ぶ。野球ボール、水の入った500mlのペットボトルをお盆に載せて1つ目の机から2つ目の机へ運び、2つ目の机から3つ目の机へ重い箱を運ぶ。

考査：2日目

┃ 個別テスト ┃

◪ 言　語

・お名前と誕生日を教えてください。
・幼稚園（保育園）の名前を教えてください。
・幼稚園（保育園）では何をして遊びますか。

1 話の記憶・言語

紙芝居を見ながらお話を聴く。途中でテスターの質問に答える。

A

「たろう君に、おじいさんから電話がかかってきました。『今日はおばあさんのお誕生日だから、みんなでお祝いをしよう。メロンのケーキを3個買ってきてね』と、たろう君はおじいさんから頼まれました」

B

「ケーキ屋さんには電車に乗っていきます。たろう君は公園で遊んでいたお姉さんに声をかけると、一緒に電車に乗って出かけました」

下記の質問に口頭で答える。
・たろう君は何に乗ってケーキ屋さんに行きましたか。

C

「ケーキ屋さんでメロンのケーキを買って、おじいさんのお家に向かいました」

下記の質問に口頭で答える。
・たろう君は何のケーキを何個買っていきましたか。

D

「おじいさんは文房具屋さんで、輪つなぎを作るための折り紙を買っておいてくれました。そして、おじいさんのお家に着くと、たろう君はお姉さんと一緒に折り紙で輪つなぎを作ってお部屋を飾り、みんなでおばあさんのお誕生日会をしました」

下記の質問に口頭で答える。
・おじいさんは何を買っていましたか。

2 常識（交通道徳）

電車の中の絵を見せられる。
・いけないことをしているのはどの動物ですか。どうしていけないのですか。指でさして

お話ししてください。

③ 観察力（同図形発見）

・上の公園と同じ公園は、下のうちのどれですか。指でさしてください。

1

A

B

C

1
―
D

2

3

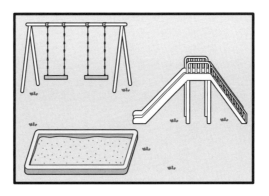

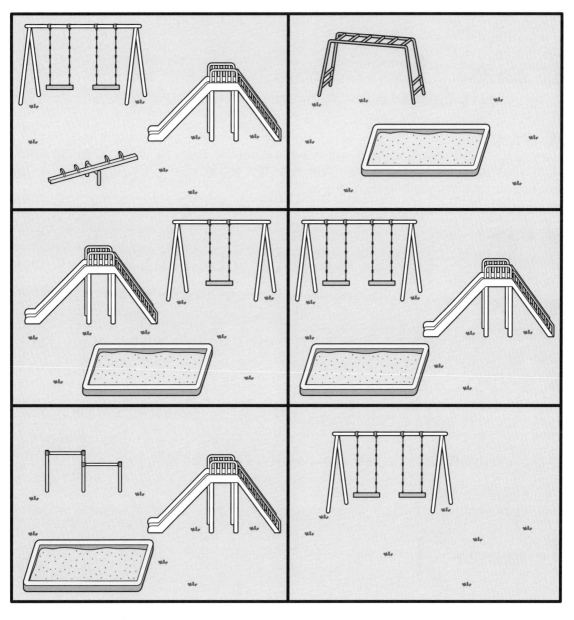

2021 横浜国立大学教育学部附属鎌倉小学校入試問題

選抜方法

| 第一次 | 考査は2日間で、1日目は運動テスト、2日目は個別テストを行い、男子110人、女子111人を選出する。所要時間は待ち時間を含め、両日とも約2時間（受検番号による）。 |

| 第二次 | 第一次合格者による抽選を行い、男子53名、女子52名を選出する。 |

考査：1日目

運動テスト

待っている間は後ろ向きになって体操座りをする。

平均台

傾斜のある平均台を渡る。途中にある障害物を越えながら進み、端にあるボタンを押したら向きを変え、また平均台を渡って戻る。

敏捷性

揺れている棒（テスターが揺らしている）にぶつからないように進む。

ケンパー

床に置かれたフープの中をケンケンパー、ケンケンパーで進む。

指示行動

床の上にある障害物の箱をまたいで越えながら、机から机へと荷物を運ぶ。野球ボール、粘土の箱、水の入った500mlのペットボトル、積み木をお盆に載せて1つ目の机から2つ目の机へ運び、2つ目の机から3つ目の机へ重い箱を運ぶ。

考査：2日目

個別テスト

言　語

・お名前と誕生日を教えてください。

・幼稚園（保育園）の名前を教えてください。

・幼稚園（保育園）では何をして遊びますか。

1 話の記憶・言語・常識

紙芝居を見ながらお話を聴く。途中でテスターの質問に答える。

A

「タヌキのタヌキチ君は、今日はお友達と遊ぼうと思っていました。ところが、腰を痛めてお買い物に行けなくなってしまったおばあちゃんから『ニンジンを4本買ってきてね』と頼まれました。タヌキチ君は『うん、わかったよ！ 行ってきます』と元気に返事をすると、バッグにお財布を入れてお買い物に出かけました」

B

「八百屋さんにはバスに乗っていきます。タヌキチ君がバス停に向かって歩いていると、お友達と遊ぶはずだった公園の前を通りかかりました。公園にはいけないことをしている子がいました」

下記の質問に口頭で答える。

・いけないことをしている子は誰ですか。どうしていけないのですか。お話ししてください。

C

「バスに乗り、八百屋さんに行く途中で、タヌキチ君はお財布を落としてしまったことに気がつきました。『どうしよう……』と困っていると交番があり、イヌのおまわりさんが立っていました」

下記の質問に口頭で答える。

・あなたがタヌキチ君だったら、イヌのおまわりさんにどのようにお話ししますか。

D

「イヌのおまわりさんは、『少し前に、ネコのお母さんが〈落とし物です〉とお財布を届けてくれました。タヌキチ君のお財布はこれですか？』と言い、タヌキチ君のお財布を見せました。『それです、よかった』。タヌキチ君はお財布を受け取ることができました」

下記の質問に口頭で答える。

・タヌキチ君はおばあちゃんに、何をいくつ買うように頼まれていましたか。

2 観察力（同図形発見）

・上のバス停と同じバス停は、下のうちのどれですか。指でさしてください。

1

1-A

B

C

2

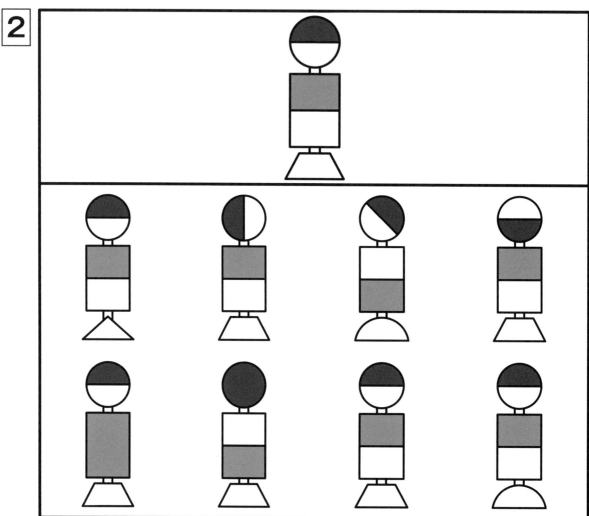

section
2020 横浜国立大学教育学部附属鎌倉小学校入試問題

■ 選抜方法

| 第一次 | 考査は2日間で、1日目は運動テスト、2日目は個別テストを行い、男子139人、女子95人を選出する。所要時間は待ち時間を含め、1日目が2時間30分〜3時間30分、2日目が約1時間30分（受検番号による）。 |

| 第二次 | 第一次合格者による抽選を行い、男子52名、女子53名を選出する。 |

考査：1日目

▌ 運動テスト ▌ 待っている間は後ろ向きになって体操座りをする。

■ 敏捷性

揺れている棒（テスターが揺らしている）にぶつからないように進む。

■ 平均台

平均台を渡る。途中にある棒や箱などの障害物を越えながら進み、端にあるボタンを押したら向きを変え、また平均台を渡って戻る。そのまま平均台の隣に移動し、置いてある大小の箱の上を渡りながらゴールまで進む。途中で箱の道が左右に分かれており、好きな方を選んで進むことができる。

■ 両足跳び

床に置かれたフープの中を両足跳びで進む。途中で道が左右に分かれており、好きな方を選んで進むことができる。

■ 指示行動

箱の障害物をまたいで越えながら、机から机へと荷物を運ぶ。1つ目の机から2つ目の机へ重い箱を運び、2つ目の机から3つ目の机へ粘土の箱と野球ボールと水の入った500mlのペットボトルを、お盆に載せて運ぶ。ペットボトルを倒さないように運ぶというお約束がある。

考査：2日目

個別テスト

■ 言　語

・お名前を教えてください。
・幼稚園（保育園）の名前を教えてください。
・好きな遊びを教えてください。

1 話の記憶・言語・常識

紙芝居を見ながらお話を聴く。途中でテスターの質問に答える。

A

「ナスのタロウ君は、おじいさんから『タロウ、お花屋さんでチューリップを4本買ってきてくれるかな』とお買い物を頼まれました。タロウ君は『うん、わかったよ！　行ってきます』と元気に返事をすると、お財布を入れたバッグを持ってお買い物に出かけました」

B

「タロウ君がお花屋さんに行く道を歩いていると、いけないことをしている子がいました」

下記の質問に口頭で答える。
・いけないことをしている子は誰ですか。どうしていけないのですか。お話ししてください。

C

「タロウ君はまた歩き始めましたが、しばらくしてお財布の入っていたバッグをどこかに忘れてきてしまったことに気がつきました。『どうしよう……』と困っていると、そこにトマト先生がやって来ました」

下記の質問に口頭で答える。
・あなたがタロウ君だったら、トマト先生にどのようにお話ししますか。

D

「トマト先生は、『タマネギ君が、誰かが忘れたバッグを預かっていると言っていましたよ。タマネギ君のところに行ってみたらどうかしら』と教えてくれました。さっそくタロウ君はタマネギ君のところへ行って、バッグを受け取ることができました」

下記の質問に口頭で答える。

・タロウ君はおじいさんから、何をいくつ買うように頼まれていましたか。

2 観察力（同図形発見）

・上のお花屋さんと同じお花屋さんは、下のうちのどれですか。指でさしてください。

1

–

A

B

C

2019 横浜国立大学教育学部附属鎌倉小学校入試問題

■ 選抜方法

| 第一次 | 考査は2日間で、1日目は運動テスト、2日目は個別テストを行い、男子124人、女子125人を選出する。所要時間は待ち時間を含め、両日とも約2時間（受検番号による）。 |

| 第二次 | 第一次合格者による抽選を行い、男子52人、女子53人を選出する。 |

考査：1日目

▌ 運動テスト ▌ 待っている間は後ろ向きになって体操座りをする。

■ ケンパー・両足跳び

床に置かれたフープの中をケンパーで進み、ジグザグに置かれたフープの中を両足跳びで進む。

■ 平均台

平均台を渡る。途中にある障害物（棒や箱）を越えながら進み、端にあるボタンを押したら向きを変え、また平均台を渡って戻る。

■ 敏捷性

揺れている棒（テスターが揺らしている）にぶつからないように進む。

■ 指示行動

箱の障害物をまたいで越えながら、机から机へと荷物を運ぶ。1つ目の机から2つ目の机へ重い箱を運び、2つ目の机から3つ目の机へ粘土の箱と水の入った500mlのペットボトルをお盆に載せて運ぶ。ペットボトルを倒さないように運ぶというお約束がある。

考査：2日目

▌ 個別テスト ▌

◨ 言 語

・お名前を教えてください。
・好きな遊びを教えてください。

❚1❚ 話の記憶・常識・観察力（同図形発見）

紙芝居を見ながらお話を聴く。途中でテスターの質問がある。

Ⓐ

「パンダ君はおばあちゃんから『〝いろいろなお花″』というお花の本を、図書館で借りてきてね。それからリンゴを4個買ってきてね』と言われました。パンダ君が駅に着くと、ホームでいけないことをしている子がいました」

下記の質問に口頭で答える。
・いけないことをしているのはどの動物ですか。どうしていけないのですか。

Ⓑ

「駅から出ると、パンダ君はお財布をなくしていることに気がつき、駅員さんのところへ行きました。落としたお財布は駅員さんのところに届けられていたので、無事に受け取ることができました」

下記の質問に口頭で答える。
・あなたなら駅員さんに何と言いますか。

Ⓒ

「それから、パンダ君は図書館へ向かいました。本がなかなか探せなかったので、ウサギの司書さんに『〝いろいろなお花″』という本はありませんか』と聞きました」

下記の質問に絵を指でさして答える。
・左の本は、おばあちゃんから頼まれたものと同じ本です。では、この本と同じ表紙は右のうちのどれですか。

「その後、おばあちゃんに頼まれた果物を買って帰りました」

下記の質問に口頭で答える。
・パンダ君は何を何個買って帰りましたか。

1 – A

B

C

section
2018 横浜国立大学教育学部附属鎌倉小学校入試問題

■ 選抜方法

| 第一次 | 考査は2日間で、1日目は運動テスト、2日目は個別テストを行い、男子121人、女子115人を選出する。所要時間は待ち時間を含め、1日目が約1時間30分、2日目が約2時間30分（受検番号による）。 |

| 第二次 | 第一次合格者による抽選を行い、男子53人、女子52人を選出する。 |

考査：1日目

■ 運動テスト ┃ 待っている間は後ろ向きになって体操座りをする。

■ バランス

床に横向きに立てて置いてあるブロックの上を渡って進む。

■ 敏捷性

動いている縄（テスターが揺らしている）にぶつからないように進む。歩いても走ってもよい。

■ 指示行動

机の上の荷物（ボール、粘土の入った箱、水の入った500mlのペットボトル、筆箱）を、向こう側にいくつかある机のうち、それぞれ指示された机に決められた順番で運ぶ。運ぶときに、床に置いてある障害物を必ずまたいで越えるというお約束がある。

■ グーパー跳び・両足跳び

線のところまで、床に置かれた輪に合わせてグーグーパーで跳んで進む。その先は、ジグザグに置かれた輪の中を両足跳びで進む。

■ 平均台

平均台を渡る。途中にある障害物（箱）を越え、端まで行ったら平均台の横にあるボタンを押して降りる。

考査：2日目

個別テスト

言 語

・お名前を教えてください。

1 | **常識・観察力**

紙芝居を見ながらお話を聴く。

A

「ネコのミイちゃんは、ウサギの先生に『ヤギさんに積み木を返してきてね』と言われ、かばんに四角の積み木を3個、三角の積み木を2個、丸い積み木を1個入れて歩き始めました」

B

「ミイちゃんが公園の前を通ると、いけないことをしている子がいました」

下記の質問に口頭で答える。
・いけないことをしている子は誰ですか。

C

「ミイちゃんが公園から歩き始めると、かばんがないことに気がつきました。ミイちゃんはイヌのおまわりさんがいる交番へ行き、かばんが届いていないか聞いてみることにしました」

かばんの絵が描かれたお手本と、解答用の台紙が用意されている（D）。下記の質問に指でさして答える。
・ミイちゃんのかばんと同じかばんはどれですか。

「ミイちゃんのかばんは、イヌのおまわりさんのところに届いていました。ミイちゃんはかばんを受け取り、ヤギさんのお家へ積み木を届けることができました」

1

A

B

C

D 〈台紙〉

【お手本】

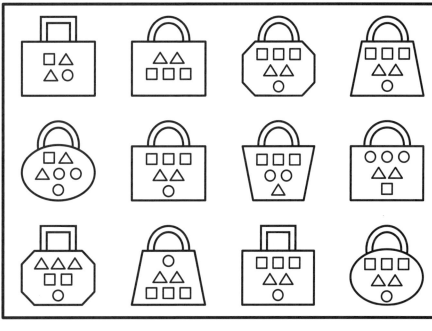

2017 横浜国立大学教育学部附属鎌倉小学校入試問題

■ 選抜方法

| 第一次 | 考査は2日間で、1日目は運動テスト、2日目は個別テストを行う。所要時間は待ち時間を含め、両日とも約2時間（受検番号による）。 |

| 第二次 | 第一次合格者による抽選を行い、男子52人、女子53人を選出する。 |

考査：1日目

┃ 運動テスト

■ 敏捷性

動いている棒（テスターが揺らしている）にぶつからないように、床にかいてある線の上を通り抜ける。

■ 平均台

平均台を渡る。途中にある障害物（箱）を落とさないように進む。

■ ケンパー

リズムよくケンケンパーをする。

考査：2日目

┃ 個別テスト

1 話の記憶・言語

「たろう君は元気な6歳の男の子で、お父さん、お母さん、妹のみよちゃんとたろう君の4人家族です。今日はおじいさんとおばあさんが久しぶりに遊びに来ることになっていて、たろう君は『おじいさんとおばあさん、まだかなあ』ととても楽しみにしています。『お母さん、今日のおやつはおじいさんたちの大好きなおだんごがいいな』とたろう君がお母さんに言うと、お母さんは『それはいいわね。近くのおだんご屋さんにお使いに行ってく

れる？　たろう君が買ってきてくれたら、おじいさんもおばあさんもきっと喜ぶわね』と
お使いをたろう君に頼みました。たろう君は張り切って、さっそく出かけました。たろう
君のお家は、しま模様の屋根の2階建てのお家です。お家を出て左に曲がり、1つ目の角
を右に曲がります。郵便局の前を通り郵便ポストのある角を左に曲がり、そのまま真っす
ぐ歩いて公園の横を通り過ぎ、右側にある横断歩道を渡って左に曲がったところにあるお
だんご屋さんに着きました。そこで、家族みんなの分とおじいさんとおばあさんの分のお
だんごを買ってお家に帰りました。たろう君がお家に帰ると、おじいさんとおばあさんが
来ていました。『1人でお使いに行けるなんて立派なお兄ちゃんになったね』とほめられ
て、たろう君はとてもうれしく思いました」

下記の質問にプリントを指でさして答える。
・たろう君がお使いに行った道を指でなぞりましょう。
下記の質問に口答で答える。
・たろう君は何人家族でしたか。
・たろう君はいくつおだんごを買いましたか。

言　語

・お名前を教えてください。
・誕生日を教えてください。
・年齢を教えてください。
・今日は誰と来ましたか。

1

section 2016 横浜国立大学教育人間科学部附属鎌倉小学校入試問題

選抜方法

第一次 考査は2日間で、1日目は運動テスト、2日目は個別テストを行い、男子94人、女子87人を選出する。所要時間は待ち時間を含め、両日とも2〜3時間（受検番号による）。

第二次 第一次合格者による抽選を行い、男子53人、女子52人を選出する。

考査：1日目

運動テスト

持久力

鉄棒にぶら下がり、端から端まで移動する。鉄棒の途中の白いところには触らない、というお約束がある。

ケンケン

輪の中をケンケンで進む。途中にある障害物（箱）を跳び越える。

平均台

L字形に配置された平均台を渡る。途中にある障害物（箱）を落とさないように進む。

敏捷性

動いている棒（テスターが揺らしている）にぶつからないように、床にかいてある線の上を通り抜ける。

考査：2日目

個別テスト

1 話の記憶・常識・言語

紙芝居を見ながらお話を聴いた後、質問に答える。

「トマト君はお母さんから、おじいさんとおばあさんのお家に届け物をするよう頼まれました。『ケーキとクッキーを買って、おじいさんとおばあさんのお家に届けてほしいの』。トマト君はお母さんに言われた通り、ケーキ屋さんでおじいさんには四角のチョコレートケーキ、おばあさんにはロールケーキ、自分には三角のイチゴのケーキ、そしてみんなで一緒に食べられるように星形のクッキーを4枚買いました。おじいさんとおばあさんのお家には電車に乗って行きます。駅に着いてトマト君が電車に乗ろうとホームに行くと、電車がホームの右にも左にも止まっていて、困ってしまいました。どちらに乗ればよいかわかりません。トマト君が困っていると駅員さんが『どこの駅に行きたいの』と聞いてくれたので、『さくら駅のおじいさんとおばあさんのお家に行きたいの』と言うと、『右の電車に乗れば行けるよ』と教えてくれました。そして、トマト君はおじいさんとおばあさんのお家に行くことができ、3人で一緒にケーキを食べました」

下記の質問にプリントを指でさして答える。

・トマト君が持っていったケーキやクッキーが正しく描かれている絵を指でさしましょう。

・いけないことをしているのは誰ですか。指でさして教えてください。

下記の質問に口頭で答える。

・あなたが駅員さんだったら、トマト君に何と声をかけますか。

言　語

・お名前を教えてください。

・ここまでは、どのようにして来ましたか。

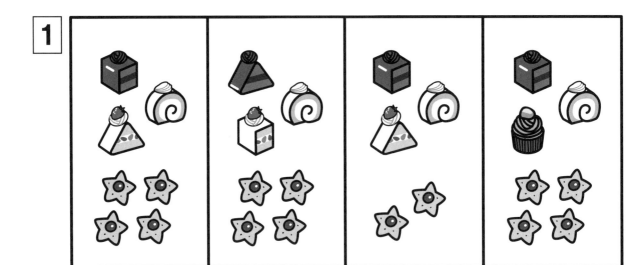

^{section}2015　横浜国立大学教育人間科学部附属鎌倉小学校入試問題

■ 選抜方法

| 第一次 | 考査は2日間で、1日目は運動テスト、2日目は個別テストを行い、男子94人、女子87人を選出する。所要時間は待ち時間を含め、両日とも2〜3時間（受験番号による）。 |

| 第二次 | 第一次合格者による抽選を行い、男子53人、女子52人を選出する。 |

考査：1日目

▌ 運動テスト ▌

■ 持久力

鉄棒にぶら下がり、端から端まで移動する。鉄棒の途中の白いところには触らない、というお約束がある。

■ ケンケン

輪の中をケンケンで進む。途中にある障害物（箱）を跳び越える。

■ 平均台

平均台を渡る。途中にある障害物（箱）を倒さないように進む。

■ 敏捷性

動いている棒（テスターが揺らしている）にぶつからないように、床にかいてある線の上を通り抜ける。

考査：2日目

▌ 個別テスト ▌

1 話の記憶・言語

紙芝居を聴く。その後、テスターの質問に答える。

「ネコのミイちゃんはお母さんと一緒にお買い物に行くことになりました。『今日は電車に乗っていきましょう。ちょっと遠いけれど頑張ってお荷物を持ってくれるかな？』とお母さんが言いました。『だいじょうぶ、まかせて。今日のお夕食は何を作ってくれるの？』とミイちゃんが聞きました。『今日はハンバーグとカボチャのスープにしようと思うの。スーパーマーケットでハンバーグに使うニンジンとお肉を買いましょう。それからお米がなくなったので、お米を買うのも忘れないようにね』とお母さんが言いました。スーパーマーケットでお買い物をした後、お母さんはお米を持ち、ミイちゃんは重たいニンジンとお肉を頑張って持って、電車に乗ってお家まで帰ってきました」

下記の質問にプリントを指でさして答える。

・ミイちゃんのお家は星の印がついているところです。お荷物が重いので一番近い道を通ってお家に帰りました。駅からどの道を通ったか、指で道をなぞりましょう。

・下の四角の絵の中で、お母さんもミイちゃんも持たなかったものはどれですか。指でさしてください。

下記の質問に口頭で答える。

・ミイちゃんのお母さんは夕食に何を作ってくれましたか。

・あなただったら何を作ってもらいたいですか。

2 数　量

星が描いてあるカードを10枚見せられる。

・この中で、星が5個描いてあるのはどれですか。指でさしてください。

3 常識（交通道徳）

電車の中の絵を見せられる。

・この中で、ほかの人に迷惑をかけたり、してはいけないことをしている人は誰ですか。指でさしてください。

🔖 言　語

・お名前を教えてください。

・好きな食べ物を教えてください。

・昨日の夕ごはんは何を食べましたか。

・今日の朝ごはんは何を食べましたか。

・幼稚園（保育園）の園長先生の名前を教えてください。

1

2

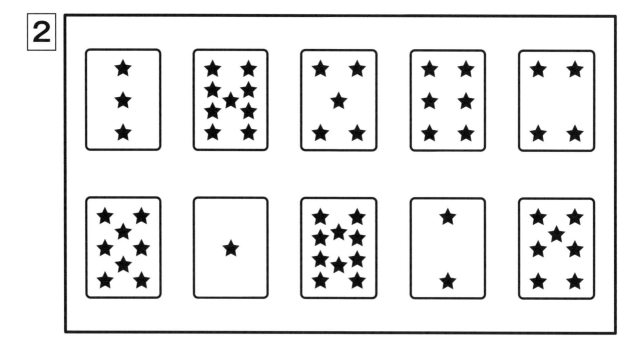

3

section
2014 横浜国立大学教育人間科学部附属鎌倉小学校入試問題

■ 選抜方法

| 第一次 | 考査は2日間で、1日目は運動テスト、2日目は個別テストを行い、男子76人、女子75人を選出する。所要時間は待ち時間を含め、1日目が約3時間30分、2日目が約1時間30分。 |

| 第二次 | 第一次合格者による抽選を行い、男子53人、女子52人を選出する。 |

考査：1日目

▌運動テスト ▌

■ 持久力

鉄棒にぶら下がり、端から端まで移動する。鉄棒の4ヵ所に貼ってある白いテープには触らない、というお約束がある。

■ ケンケン

輪の中をケンケンで進む。途中、約5cmの高さの箱があり、跳び越える。

■ 平均台

下から上へ傾斜のある平均台と、障害物のある平均台を渡る。

■ 敏捷性

動いている棒（テスターが揺らしている）にぶつからないように、床にかいてある線の上を通り抜ける。

考査：2日目

▌個別テスト ▌

1 話の記憶・言語

※カラーで出題。絵の中の指示通りに屋根の印に色を塗ってから行ってください。

紙芝居を聴く。その後、テスターの質問に答える。

「ある日、ウサギの男の子と女の子がお母さんにお使いを頼まれました。『ニンジンを5本買ってきてね』とお母さんが言いました。『ニンジンを買うお店へは、大きな池を通らずに行くのよ』と行き方を教えてくれました。2匹は『行ってきまーす』と言って仲よくお買い物に出かけました。お店屋さんの近くに来ました。2匹はお店屋さんがたくさんあるので、わからなくなって泣いてしまいました。そこへイヌのおまわりさんが来て、優しく声をかけてくれました。2匹は、おまわりさんが教えてくれたお店で、お買い物をすることができました」

下記の質問に口頭で答える。

・あなたがイヌのおまわりさんだったらウサギの男の子と女の子に何と声をかけますか。

下記の質問にプリントを指でさして答える。

・上の段です。下の矢印から右上のお家まで一番早く行ける道を指でなぞりましょう。

・真ん中の段です。ニンジンは赤いこの印（左上の四角のダイヤを見せられる）のついたお店で買うことができます。では、どのお店ですか。この中から選んでください。

・下の2段です。ウサギの男の子と女の子がお母さんに頼まれたお買い物はどれですか。正しいものを選んで指でさしましょう。

■ 言　語

・お名前を教えてください。

・好きな食べ物を教えてください。

・昨日の夕ごはんは何を食べましたか。

・今日の朝ごはんは何を食べましたか。

1

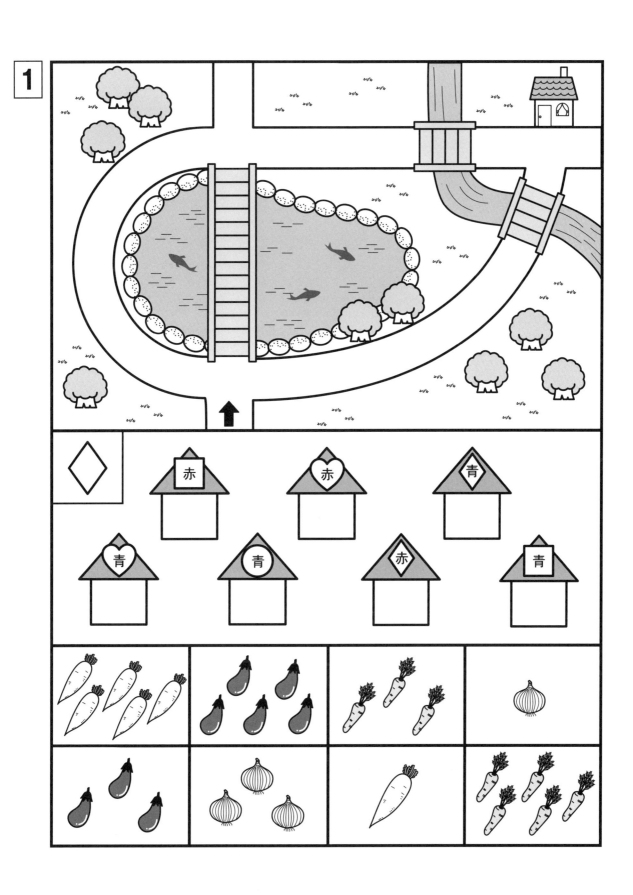

横浜国立大学教育学部附属
横浜小学校・鎌倉小学校
入試シミュレーション

横浜国立大学教育学部附属横浜・鎌倉小学校入試シミュレーション

1 話の記憶

「明日は、サルのチナミちゃんの６回目のお誕生日です。チナミちゃんはお母さんと一緒に、明日のお誕生パーティーのためにいろいろなものを買いに行きました。最初に行ったのは八百屋さんです。そこでたくさんの野菜を買いました。次はケーキ屋さんです。おいしそうなケーキがいっぱいあるので、チナミちゃんはどのケーキにしようか迷ってしまいました。その次は果物屋さんに行って、食後のデザートの果物を買いました。最後にお肉屋さんに行って、ウインナーやお肉を買ってからお家に帰りました。お母さんだけでは持ちきれないので、チナミちゃんも荷物を持ちました。帰る途中、ウサギのおばあさんが信号のところで大きな荷物を持って立っていました。チナミちゃんは、お母さんに『ちょっと待っててね』と言っておばあさんの荷物を持ってあげ、信号を一緒に渡りました。おばあさんは『ご親切にどうもありがとう。もう、わたしだけであそこのバスの停留所まで行けますよ』と言いました。チナミちゃんは何だか１日早くお姉さんになった気持ちでした。そして、いよいよチナミちゃんのお誕生日になりました。お友達のクマさん、キツネさん、タヌキさん、リスさんがプレゼントを片手にやって来ました。クマさんは折り紙で作ったツルをくれました。それは５つの色のツルでとてもきれいでした。キツネさんはドングリで作った首飾りをくれました。タヌキさんはチナミちゃんの大好物のリンゴを木から採ってきて、川の水できれいに洗ってから持ってきてくれました。リスさんのプレゼントは、木で作ったサルのお人形でした。１週間かけて少しずつ作り上げた、チナミちゃんによく似たすてきな木のお人形でした。『皆さん、どうもありがとう』。チナミちゃんはお礼に、みんなに１冊ずつ絵本をあげました。プレゼント交換の後、みんなでお母さんが作ったお菓子やお料理をおなかいっぱい食べて、ゲームをしたり歌ったりして楽しいパーティーの日を過ごしました」

- 一番上の段です。６つの絵の中で、チナミちゃんとお母さんが最初にお買い物に行ったお店に○、最後に行ったお店に△をつけましょう。
- ２番目の段です。４つの絵の中で、チナミちゃんがおばあさんのために手伝ってあげた場所の絵に○をつけましょう。
- ３番目の段です。上の動物が持ってきたプレゼントを下から選んで、点と点を線で結びましょう。
- 一番下の段です。チナミちゃんがお礼にプレゼントしたものに○をつけましょう。

2 言　語

- 左上の絵を見てください。カメラのように「カ」から始まるものに○をつけましょう。

・右上の絵を見てください。ミカンのように「ン」で終わるものに○をつけましょう。

・下の段です。オタマジャクシからパンまでしりとりでつながるように、丸、三角、四角、バツ印のところに入る絵を右の四角の中から探して、それぞれの印をつけましょう。

3 推理・思考（左右弁別）

・左の四角です。左手に風船を持っている子どもに○をつけましょう。

・右の四角です。右手が描いてある絵に○をつけましょう。

4 常識（季節）

・左の季節の絵と関係のあるものを右から選んで、それぞれの季節の右上にかかれている印をつけましょう。

5 観察力（同図形発見）

・それぞれの段で同じ絵を2つ選んで、両方に○をつけましょう。

6 位置・記憶

下の絵を隠して、上の絵を見せる。20秒間ほど見せたら上の絵を隠し、下の絵を見せる。

・カタツムリのところに赤、テントウムシのところに青のおはじきを置きましょう。

7 位置・記憶

下の絵を隠して、上の絵を見せる。20秒間ほど見せたら上の絵を隠し、下の絵を見せる。

・イチゴがあったところに赤、クリがあったところに青のおはじきを置きましょう。

8 位置の移動

・ウサギから上に2つ進んだところに○をかきましょう。

・リスから左に3つ、下に3つ進んだところに△をかきましょう。

・クマの左上に×をかきましょう。

9 推理・思考（スタンプ）

・左端のスタンプを押した絵に合うものを、右から選んでそれぞれ○をつけましょう。

10 推理・思考

・リンゴの段です。水の量が2番目に多いものに○をつけましょう。

・バナナの段です。1人分が2番目に少ないものに○をつけましょう。

・ブドウの段です。3番目に大きい風船に○をつけましょう。

・ミカンの段です。ひもの長さが2番目に短いものに○をつけましょう。

・カキの段です。右から2番目の動物に○をつけましょう。

11 数 量

・1段目です。果物の数が多い方の四角に○をつけましょう。右も左もやってください。
・2段目です。パイナップルとスイカはいくつ違いますか。その数だけ、すぐ下の四角に
　○をかきましょう。
・下の4つの四角の中のものを、1つずつセットになるように線でつなぎましょう。余る
　ものには×をつけてください。

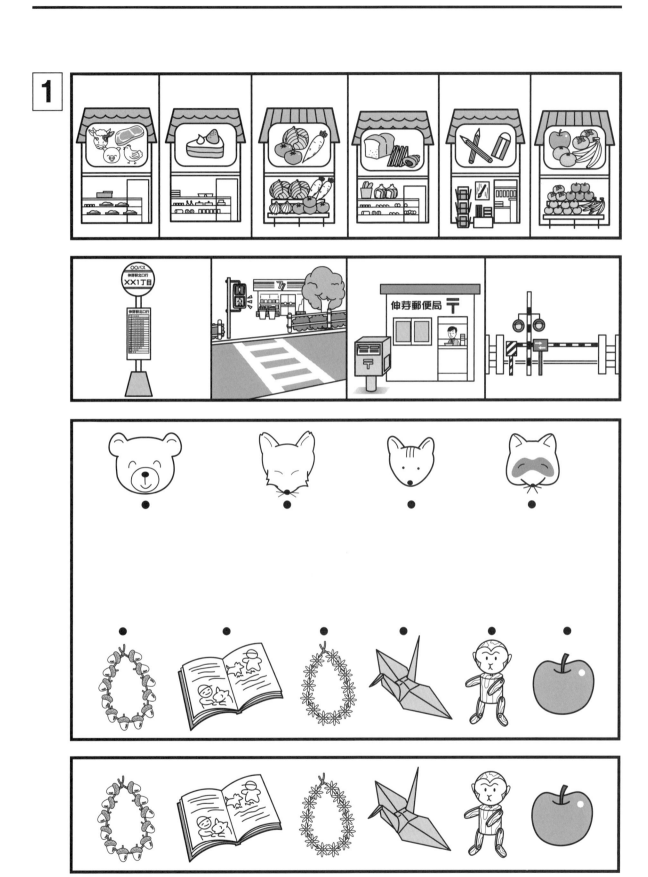

2

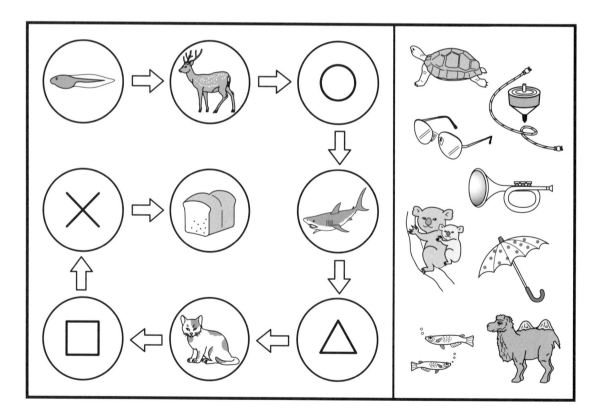

3

4

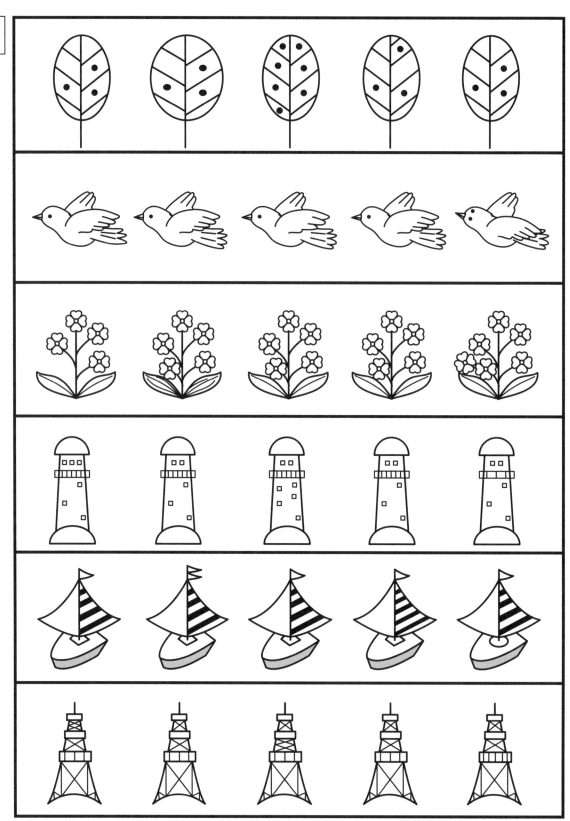

6

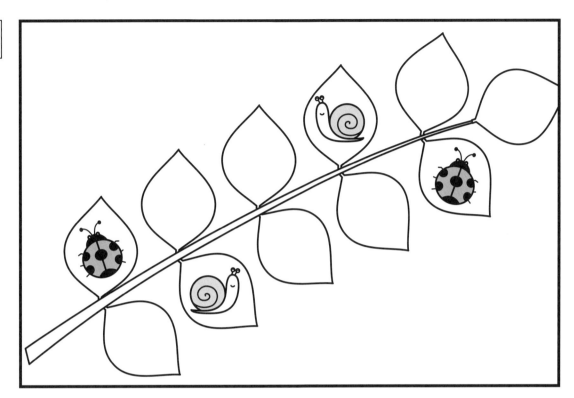

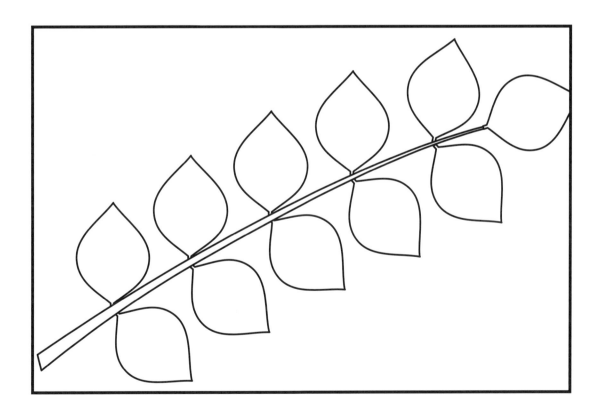

7

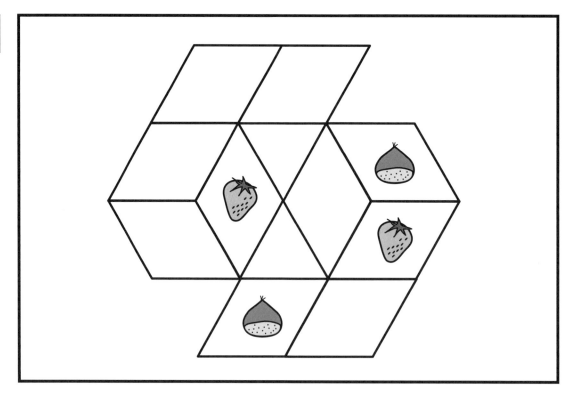

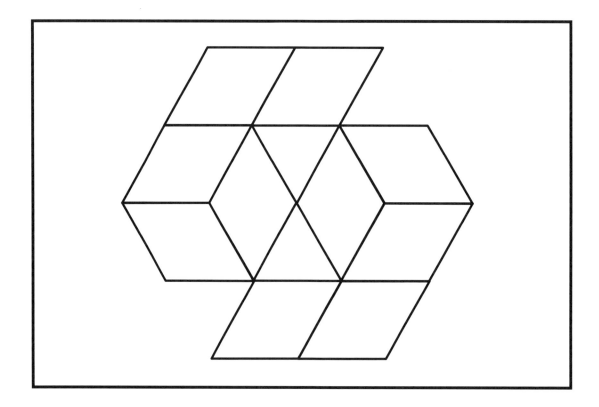

8

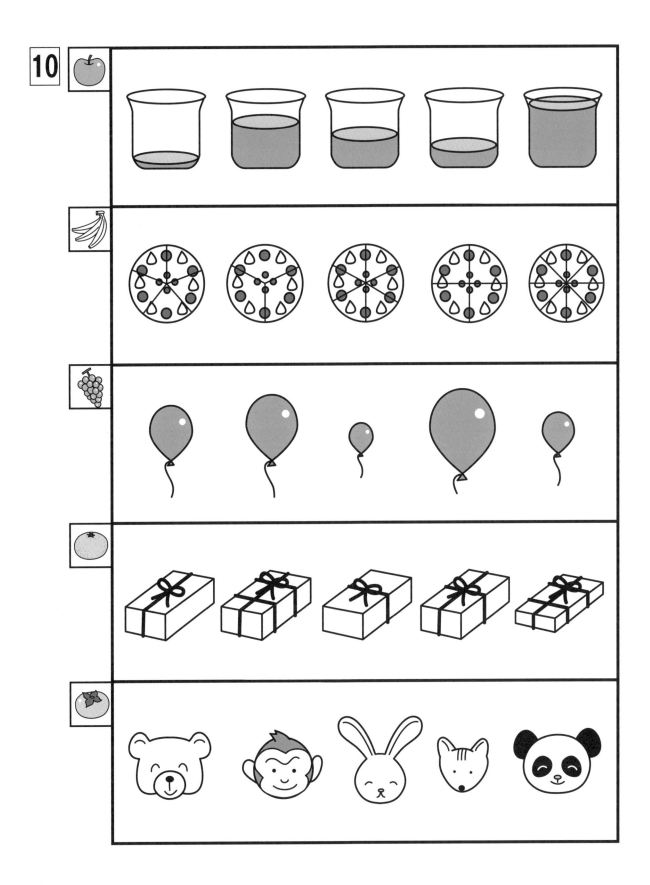

11

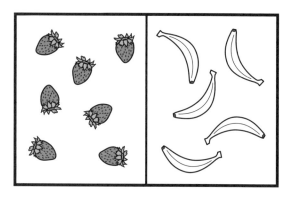

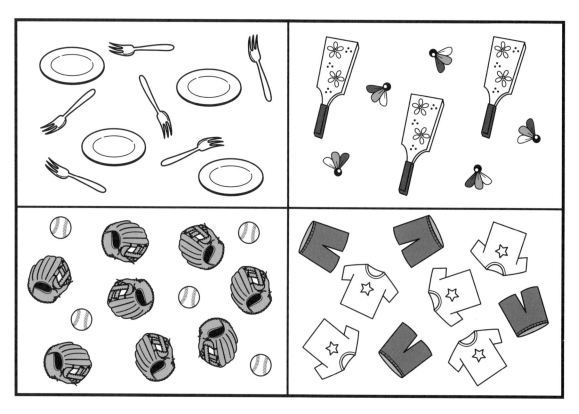

［過去問］ 2024

横浜国立大学教育学部附属横浜小学校 入試問題集

解答例

入試シミュレーションの
解答例もあります！

© 2006 studio*zucca

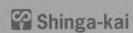

1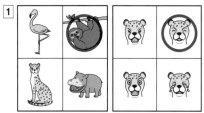

2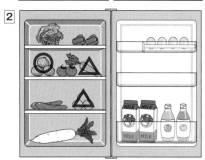

3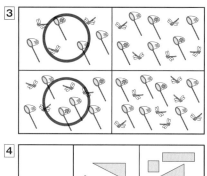

4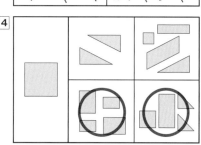

5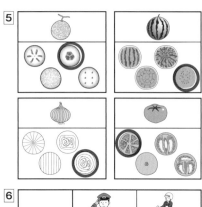

6

2022 解答例

1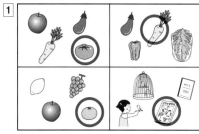

2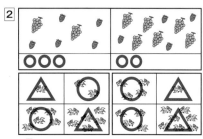

3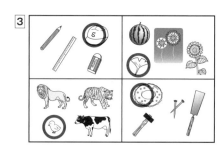

4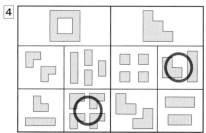

※2の2問目は組み合わせが合っていれば、○と△が逆でも正解

5

6

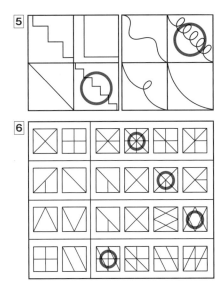

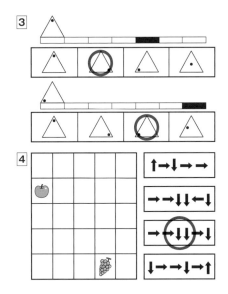

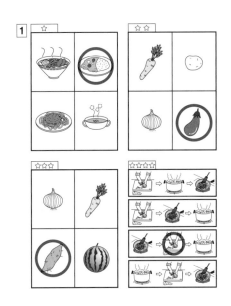

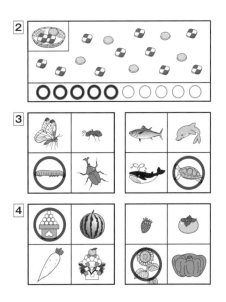

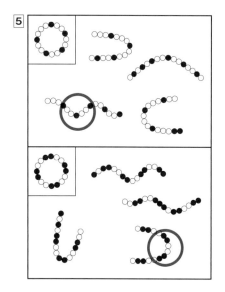

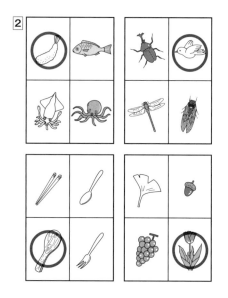

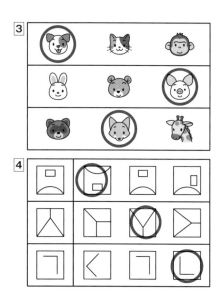

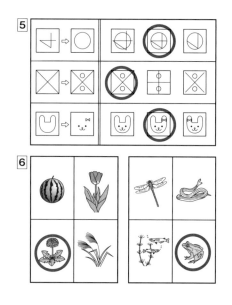

7

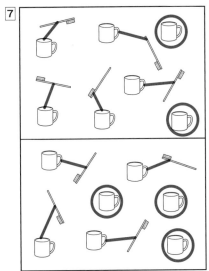

※7は線で結ぶ組み合わせとその数、○の数が合っていれば正解

1

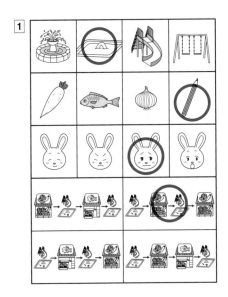

2

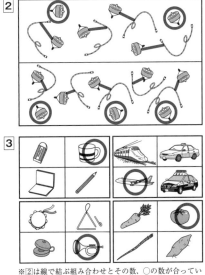

3

※2は線で結ぶ組み合わせとその数、○の数が合っていれば正解

4

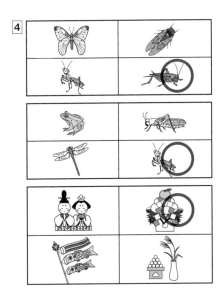

5

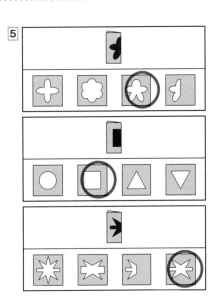

1

2

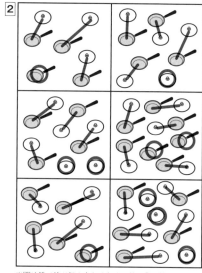

※2は線で結ぶ組み合わせとその数、○の数が合っていれば正解

3

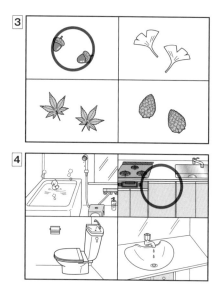

4

5

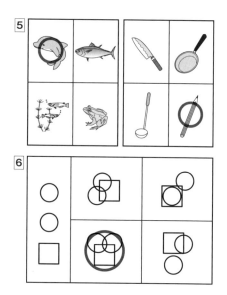

6

7

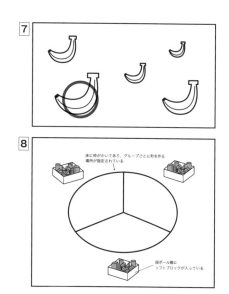

8

床に枠がかいてあり、グループごとに町を作る場所が指定されている

段ボール箱にソフトブロックが入っている

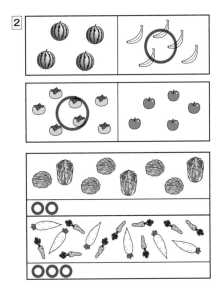

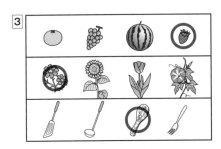

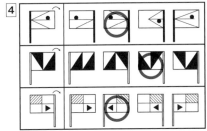

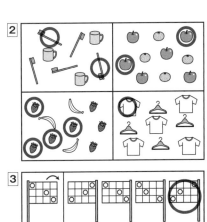

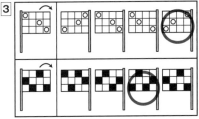

※2は印をつけるものと○の数が合っていれば正解

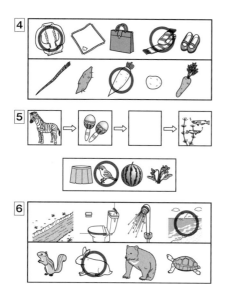

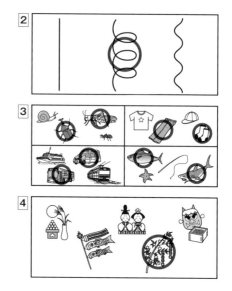

横浜国立大学教育学部附属鎌倉小学校 入試問題集 解答例

✳ **解答例の注意**

この解答例集では、個別テストの中にある□数字がついた問題、入試シミュレーションの解答例を掲載しています。それ以外の問題の解答はすべて省略していますので、それぞれのご家庭でお考えください。
（一部□数字がついた問題の解答例の省略もあります）

入試シミュレーションの
解答例もあります！

© 2006 studio*zucca

🐤 Shinga-kai

※1－Dの2問目はミカンを3個が正解

※1－Bは電車、Cはメロンのケーキを3個が正解

※1－Dは折り紙、2の理由は解答省略

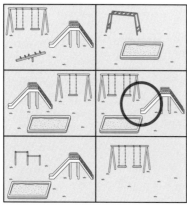

1-A

1-D

B

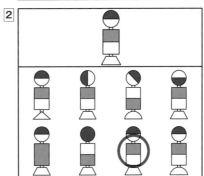

2

C

※1-Bの理由、Cは解答省略

※1-Dはニンジンを4本が正解

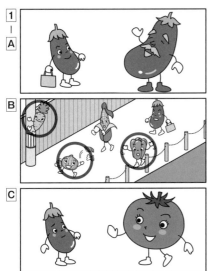

1-A

B

C

1-D

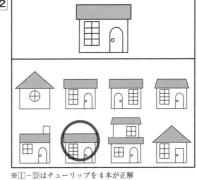

2

※1-Bの理由、Cは解答省略

※1-Dはチューリップを4本が正解

1-A

B

C

※1-Aの理由、Bは解答省略。Cの2問目はリンゴを4個が正解

2018 解答例

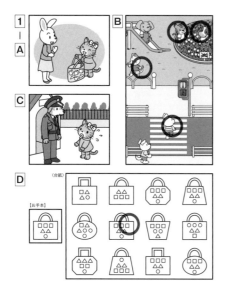

2017 解答例

※ 1 の 2 問目と 3 問目は解答省略

2016 解答例

※ 1 の 3 問目は解答省略

※1の3問目と4問目は解答省略

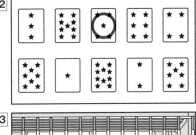

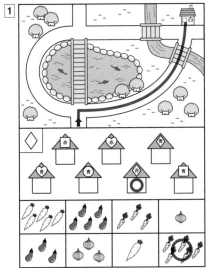

※1の1問目は解答省略

1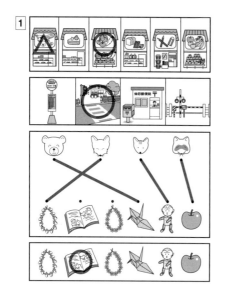

2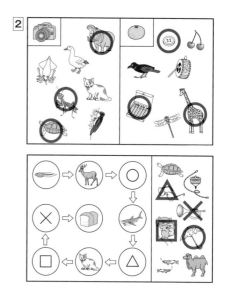

3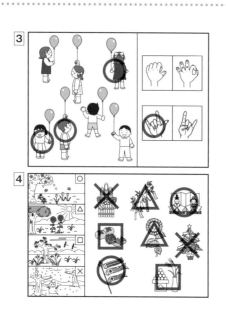

4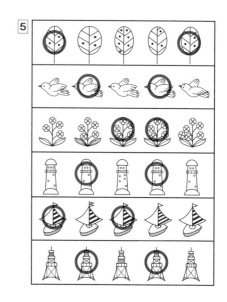

5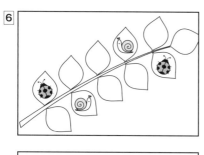

6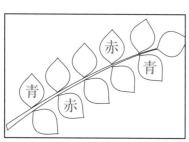

7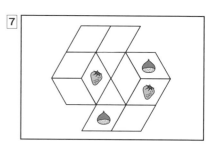

8

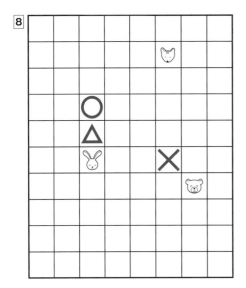

9

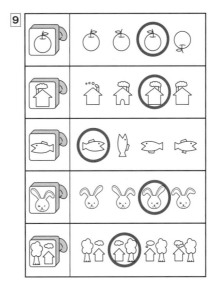

10

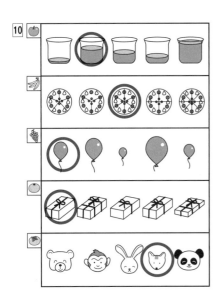

11

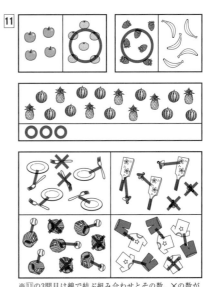

※11の3問目は線で結ぶ組み合わせとその数、✕の数が
合っていれば正解

Shinga-kai